W

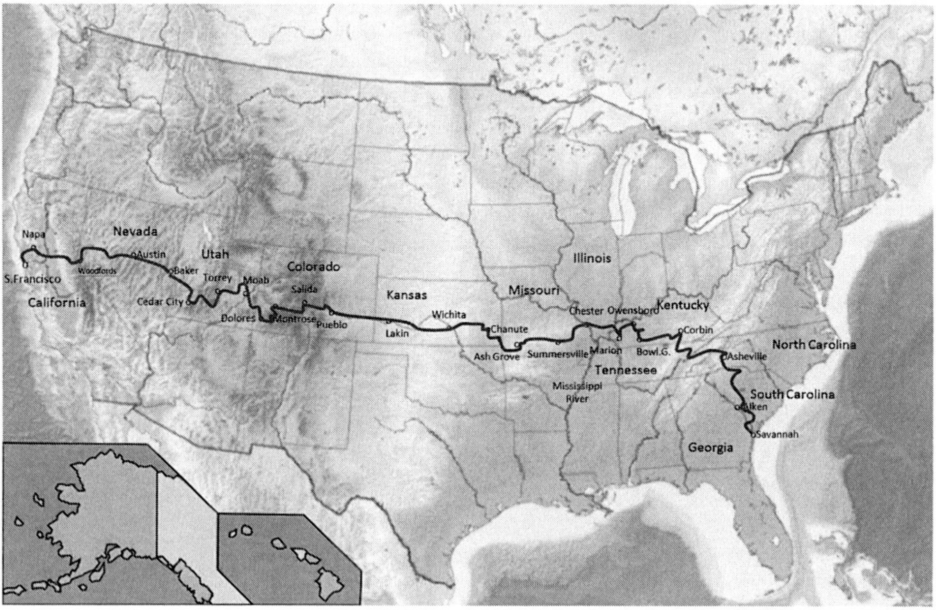

Napa
Nevada
Austin
Utah
Baker
Woodfords
S.Francisco
Torrey
Moab
Colorado
Salida
California
Cedar City
Dolores
Montrose
Pueblo
Kansas
Lakin
Wichita
Chanute
Ash Grove
Missouri
Summersville
Illinois
Chester
Owensboro
Kentucky
Marion
Bowl.G.
Corbin
Tennessee
Mississippi
River
Asheville
North Carolina
South Carolina
Aiken
Savannah
Georgia

Peter Lindwedel

Mit dem Fahrrad durch die USA

6400 Kilometer vom Atlantik zum Pazifik

Wiesenburg Verlag

Bibliographische Information der Deutschen Nationalbibliothek:

Die Deutsche Nationalbibliothek verzeichnet diese Publikation
in der Deutschen Nationalbibliographie;
detaillierte bibliographische Daten sind im Internet
über http://dnb.d-nb.de abrufbar.

1. Auflage 2014
Wiesenburg Verlag
Postfach 4410 · 97412 Schweinfurt
www.wiesenburgverlag.de

ISBN 978-3-95632-124-5

Prolog

Fremde Länder und Abenteuerreisen fand ich schon immer spannend. Dabei hat mich seit jeher Nordamerika mit seinen vielfältigen Naturwundern besonders fasziniert. Die Vorstellung, auf einsamen Highways in einem Wohnmobil oder auch einem Truck durch die Vereinigten Staaten zu reisen, war zwar reizvoll, aber schon als Fünfzehnjähriger hatte ich die Idee, einmal mit dem Fahrrad dieses riesige Land zu durchqueren, und ich entwarf eine mögliche Route. Seit zwanzig Jahren hatte ich regelmäßig Mehrtagestouren unternommen, ohne dabei Mitteleuropa zu verlassen. Das Fahrrad hielt ich für ein ideales Fortbewegungsmittel: schnell genug, um voranzukommen, belastbar genug für die erforderliche Ausrüstung, aber langsam genug, um das Land intensiv erleben zu können.

Der Traum von der USA-Durchquerung war nie ein brennendes Verlangen, aber im Hinterkopf stets präsent. Im Sommer 2011 reifte die Entscheidung, ihn zu verwirklichen. Ich kalkulierte eine Gesamtstrecke von 6500 bis 7000 Kilometern. Bei einer angenommenen durchschnittlichen Tagesleistung von 100 Kilometern bräuchte ich also maximal 70 echte Fahrradtage. Mit geplanten und ungeplanten Pausentagen (Besuch von Sehenswürdigkeiten, Schlechtwettertage, Krankheit, Pannen) müssten also drei Monate reichen. Die besten Chancen, dass mein Arbeitgeber mich ein Vierteljahr am Stück freistellen würde, rechnete ich mir aus, wenn ich dafür das zweite Quartal eines Jahres wählen würde. Dies passte auch zu meinen naiven Vorstellungen von den klimatischen Bedingungen, denn ich wollte in San Francisco starten, die Wüstenstaaten noch vor der heißesten Zeit durchqueren und "irgendwo an der Ostküste" südlich der Ballungsgebiete ankommen, bevor dort die Hurrikan-Saison beginnt. Die meisten landschaftlichen Highlights vermutete ich im Westen – wenn ich die am Beginn der Reise erleben könnte, wäre ein mögliches vorzeitiges Aufgeben eher verschmerzbar als in der Gegenrichtung. Außerdem wehten durchschnittlich mehr West- als Ostwinde.

Als ich erfuhr, dass es quasi unmöglich ist, die Sierra Nevada Anfang April mit dem Fahrrad zu überqueren, musste ich den Plan von der Tour in West-Ost-Richtung aufgeben. Doch schnell fand ich Gefallen an der Vorstellung von einer entgegengesetzten Durchquerung. Ich wollte nach Savannah im Staat Georgia fliegen. Eine Tagestour würde mich an die Atlantikküste auf Tybee Island bringen. Von dort sollte die Route nordwestlich durch South Carolina Richtung Asheville, NC führen, von dort durch den Great Smoky Mountains Nationalpark in den Osten Tennessees und weiter nach Kentucky. Ab dort wollte ich zwei Fern-Radrouten folgen, die von der *Adventure Cycling Association (ACA)*, einer Art amerikanischem ADFC, vollständig ausgearbeitet worden waren und zahlreiche Naturschönheiten beinhalteten. Ein Vorteil war, dass ich für die Etappen in den einsamen Wüstenstaaten viele Stunden Tageslicht haben würde. Auch der Tioga Pass über die Sierra Nevada wäre ziemlich sicher geöffnet, wenn ich ihn erst Mitte Juni passierte. Als perfektes Ziel stand die Golden Gate Bridge bei San Francisco nie zur Debatte.

Ich kaufte mir die speziell für Fernradler konzipierten Reisekarten der ACA. Diese gaben detailliert Auskunft über die für Radfahrer wichtigsten Fakten: die Infrastruktur entlang der Strecke, Höhenprofile, Entfernungen, Klima und Beschaffenheit der Straßen.

Das Fahrrad musste für dieses Vorhaben vor allem robust und stabil sein. Ich vertraute den Berichten anderer USA-Fernradler, dass zwar beachtliche Höhendifferenzen zu bewältigen wären, allerdings bei größtenteils moderaten Steigungsgraden. So kümmerte ich mich nicht um Mountainbikes, Rennräder oder defektanfällige Trekkingräder mit mehr als 20 Gängen, sondern war überzeugt, dass mein noch fast neues 8-Gang-Tourenrad mir gute Dienste leisten würde.

Ein Dreivierteljahr vor der Reise schaffte ich erste Fakten und buchte die Flüge. Die Fluggesellschaft, *Air France*, verlangte für den Fahrradtransport einen Karton, der bestimmte Maße nicht überschreiten durfte. Weder am Flughafen Hannover noch aus der Entsorgungsmasse mehrerer Fahrradhändlern gelang es mir, einen entsprechenden Behälter zu bekommen. Ich musste eine größere Box nehmen und um 15 Zentimeter kürzen. Im Endzustand sah sie mit ihren vielen Klebestreifen ziemlich abenteuerlich aus. Das Fahrrad musste zuvor zerlegt werden, damit es hineinpasste. Da ich die große Schachtel nicht auf dem Fahrrad transportieren konnte, war es unmöglich, die lange Reise schon mit einer Radtour zum Flughafen zu beginnen. Den Transport übernahm ein Freund, der einen Kleintransporter besaß.

Um ein Visum musste ich mich nicht kümmern. Die Genehmigung zur Einreise ließ sich bequem per Internet beantragen.

Mir erschien es sinnvoll, unterwegs in den USA Auskünfte über das Wetter oder die nächsten Übernachtungsmöglichkeiten abrufen zu können. Also legte ich mir ein Smartphone zu, obwohl mir mein altes Mobiltelefon bislang völlig gereicht hatte. Zum Telefonieren innerhalb Amerikas erwarb ich eine SIM-Karte mit relativ günstigen Festpreisen (in Euro). Die weitere technische Ausrüstung bestand aus einem kleinen Notebook, einer Digitalkamera und einem mp3-Spieler, auf dem ich vor der Reise sechs Stunden meiner Lieblingsmusik speicherte. Darunter war „Travelin‘ Prayer“, ein fetziges Bluegrass-Stück, das ich mir als „Reisehymne“ ausgesucht hatte. – Die modernen Informationsmöglichkeiten bewahrten mich übrigens wenige Tage vor Reisebeginn vor einem Problem. Ich hatte zufällig noch einmal bei *Google Maps* ein paar Kilometerzahlen erfragt und dabei festgestellt, dass die Strecke von Cherokee, NC nach Gatlinburg, TN, der Highway 441 über die Great Smoky Mountains, gar nicht als Route vorgeschlagen wurde, obwohl es in der Nähe keine andere Straße über die Berge gibt. Im Januar hatte nämlich ein Erdrutsch einen Teil der Straße verschüttet, und erst Mitte Mai war die Wiedereröffnung geplant! Nun musste ich zwar auf ein landschaftliches Highlight verzichten, auf das ich mich gefreut hatte, konnte aber schon im Vorfeld eine weiträumige Umfahrung planen. Immer noch besser, als in Cherokee zu merken, dass man einen ganzen Tag verloren hatte.

Der Reisezeitraum war ungünstig hinsichtlich der Trainingsmöglichkeiten. Der Winter 2012/13 in Norddeutschland war lang und kalt. Ich hatte ursprünglich geplant, im Februar und März wöchentlich zwei bis drei Trainingsfahrten von zunehmender Länge (20 bis 50 km) zu unternehmen. Die nähere Umgebung meines Wohnortes war überwiegend flach, und ich konnte kein richtiges Bergtraining absolvieren. Ein gut zwei Kilometer langer Anstieg über etwa 160 Höhenmeter bei Krainhagen war das Maximum – das steilste Stück davon hatte immerhin etwa 10%. Ich zwang mich zu vielen Trainingsfahrten, aber es waren letztlich weniger als geplant.

Ich registrierte mich in einem speziell für die gegenseitige Beherbergung von Reiseradlern konzipierten Internet-Netzwerk. Dies sollte mir den Kontakt zu Einheimischen und manchmal private Übernachtungsmöglichkeiten verschaffen. Dem gleichen Ziel diente ein Fahrradtrikot, dessen Rückseite mit dem Schriftzug „Coast to Coast“ samt amerikanischer und deutscher Flagge versehen war, sowie das gleiche Motiv als Aufkleber am Fahrradrahmen.

Ich war noch nie ein guter Handwerker gewesen. So gab es auch am Fahrrad vieles, was ich noch nie selbst repariert hatte. Ich ging zwar davon aus, dass bei dem relativ neuen Rad und angesichts der Tatsache, dass ich nur Asphaltstraßen benutzen wollte, nicht viel passieren würde. Dennoch wollte ich gern zumindest einmal probiert haben, wie man Speichen nachstellt, eine Speiche ersetzt oder Kettenglieder entfernt bzw. ergänzt. Da ich niemanden kannte, der hierfür als „Lehrer“ fungieren konnte, suchte ich die Lösung bei *Rad-forum.de.* Ein freundlicher Sportskamerad aus der Umgebung meldete sich und half. Danach fühlte ich mich besser. Einen Komplett-Check hatte ich bei meinem Fahrradhändler ohnehin noch gut. Je ein Paar wasserdichte Packtaschen für hinten und vorne (samt Gestell) besaß ich bereits. Ein paar kleine Ersatzteile wurden ebenfalls besorgt, neue Reifen unmittelbar vor der Reise aufgezogen.

Da beim Flug die Anzahl der Gepäckstücke zählte, besorgte ich mir einen großen, leichten Nylon-Sack, in dem alles Platz fand, was nicht in der Fahrradbox oder im Kabinengepäck transportiert wurde. Eine neue Schlafunterlage und ein kleiner Primus-Kocher komplettierten die Ausrüstung. Gas und Kochtopf würde ich vor Ort problemlos bekommen.

Ich trat die Reise mit 3000 Dollar in Schecks und 202 Dollar Bargeld an. Diese Zahlungsmittel mussten nicht zwangsläufig verbraucht werden. Für Zimmer-Rechnungen, Automiete, Eintrittspreise und diverse Einkäufe würde ich auch die Kreditkarte einsetzen.

In spiritueller Hinsicht erneuerte ich einen „Deal mit Gott": Ich versprach, kein Risiko einzugehen und Signale wahrzunehmen, und im Gegenzug bat ich Gott, mir Zeichen zu geben, wenn es erforderlich sein sollte. Vor Jahren während einer Alpenwanderung hatte ich bereits erfahren, dass dies funktionierte. Als sich auf 2200 Höhenmeter in Stein und Geröll die Sohle eines Bergstiefels löste (die Stiefel waren zuvor 17 Jahre unbenutzt), hätte ich den Weg in stabilen Lauf-Schuhen fortsetzen können. Aber ich erkannte das Zeichen, verzichtete auf den Klettersteig und ging statt dessen einen langen Umweg durch ein Tal und wieder hinauf, erlebte aber dafür traumhaft schöne Almen, Wälder und Wasserfälle, die mir sonst entgangen wären. Dabei spielte es keine Rolle, dass ich mir Gott nicht personifiziert im religiösen Sinn vorstellte, sondern als die Gesamtheit der guten Energien des Universums. Jeder gute Gedanke oder Wunsch hatte für mich die gleiche Bedeutung wie ein Gebet und trug zur Stärkung dieser Kräfte bei.

Ganz bewusst hatte ich mich festgelegt, allein zu reisen. Ein möglicher Reisepartner müsste genauso lange Zeit haben, und er müsste sowohl sportlich als auch menschlich mit mir harmonieren. Ich kannte niemanden, auf den alle drei Kriterien zutrafen. Ich hatte keine Angst vor dem Alleinsein. Außerdem würde ich ein Land bereisen, in dem die Versorgungslage und die Verständigung überhaupt kein Problem waren. Etwas Angst hatte ich zunächst nur vor den Dingen, die ich nicht beeinflussen konnte, und das war vor allem der Fahrrad- und Gepäcktransport beim Hinflug und die Unwissenheit über die Zuverlässigkeit und Kooperationsbereitschaft der Mitarbeiter auf den Flughäfen.

Donnerstag, 4. April 2013: Anreise (0 km)

Nach zwei aufregenden Tagen war auch diese Nacht um fünf Uhr vorbei, um die verbliebenen Aktivitäten schaffen zu können. Meine Freundin Sabine schenkte mir ein selbstgebackenes Teig-Herz als Proviant. Kurz vor sieben traf mein Chorkamerad Uwe ein, um mein Gepäck und mich in seinem Kleinbus zum Flughafen Hannover zu bringen. Ich war froh, dort reichlich Zeit zu haben, weil es am Schalter von Air France offenbar ein (zum Glück nur technisches) Problem mit meiner Gepäckregistrierung gab. Uwe blieb bei mir, bis alles abgegeben war, und seine besonnene Art war mir eine große Hilfe und Wohltat. Der Flug nach Paris war unspektakulär – zwar überflogen wir meinen Wohnort im Schaumburger Land, aber ich konnte wegen der Bewölkung nicht erkennen, ob dort unten jemand winkte. Der riesige *Aéroport Charles de Gaulle* war mir etwas unheimlich, aber beim Umstieg auf den Transatlantikflug lief alles reibungslos. Die Route der gigantischen Boeing 777-200ER verlief über Amiens, Süd-Wales, Irland und den Nordatlantik südlich von Grönland, setzte sich fort Richtung Neufundland, St.-Lorenz-Golf und Toronto, bis zur Landung in Atlanta, der Metropole im US-Staat Georgia. Die faszinierende walisische Küstenlinie war wolkenfrei. Auch Irland, Labrador und die Toronto-Region waren gut zu sehen. Neben mir saß ein junger Chinese, der während des gesamten Fluges kein Wort mit mir sprach und ziemlichen Mundgeruch hatte. Aber das Bordprogramm war vielfältig, und ich konnte „You've got mail" mit Tom Hanks und Meg Ryan sehen sowie „Who wants to be a millionaire" in der britischen Version spielen. – Die Zeit auf dem Flughafen Altanta wurde zu einer harten Nervenprobe. Fast zeitgleich waren sechs Flugzeuge aus Europa eingetroffen, und alle Passagiere mussten zunächst die Passkontrolle durchlaufen. Dort warteten geschätzt mehr als tausend Menschen in endlosen Schlangen. Viele von ihnen verpassten ihren Anschlussflug, und auch mich hätte dieses Los fast ereilt. Der Gutmütigkeit anderer Wartender hatte ich zu verdanken, dass ich zweimal eine Abkürzung nehmen durfte. Als ich endlich offiziell in die Vereinigten Staaten von Amerika eingereist war und begann, im Laufschritt das Terminal für den Anschlussflug anzusteuern, hielt mich ein Sicherheitsbeamter auf und fragte nach meinem Gepäck. Ich traute meinen Ohren nicht – hatte mir doch sowohl mein Reisebüro als auch Air France Hannover als auch ein Steward bei der Landung in Atlanta mitgeteilt, dass alles Gepäck bis Savannah durchgeleitet werden würde, da Delta Airlines und Air France kooperierten… Aber tatsächlich lagen dort meine drei Gepäckstücke, und zu allem Übel war der Fahrradkarton oben offen! Ich rief nach Hilfe, und ein sehr freundlicher Mitarbeiter begleitete mich dann umgehend zur Aufgabestelle für Sondergepäck. Zu diesem Zeitpunkt waren es noch 33 Minuten bis zum planmäßigen Weiterflug. Dann schlug auch noch ein Lebensmittel-Suchhund bei der Sicherheitskontrolle an, aber der wollte wohl nur mal am Teig-Herz schnüffeln. 21 Minuten vor Abflug betrat ich den Shuttle-Zug zum Terminal B und nach einem langen Sprint zum weit entfernten Gate B2 war ich 7 Minuten vor Abflug völlig erledigt angekommen. Den kurzen Flug nach Savannah habe ich irgendwie gar nicht richtig erlebt, auch weil ich mich nett mit meinem texanischen Sitznachbarn unterhielt. Auf dem Savannah Airport war es angenehm leer. Nach zwanzig Minuten hatte ich mein Gepäck. Vor Erleichterung fiel ich vor der Gepäckausgabe auf die Knie und hätte fast den Boden geküsst… Nun musste ich das Fahrrad noch zusammensetzen, um zum etwa vier Kilometer entfernten Motel *Days Inn* fahren zu können. Doch offenbar war ein Pedalgewinde beschädigt worden – das rechte Pedal ließ sich beim besten Willen nicht anschrauben. Schließlich nahm ich für 20 Dollar ein Großraumtaxi, da das Hotel angeblich gerade keinen Fahrer für einen Shuttle verfügbar hatte. Und nachdem ich geduscht und meinen ersten auf amerikanischem Boden entstandenen Tagebucheintrag geschrieben hatte, während in Europa schon die Hähne krähten, legte ich mich schlafen.

Freitag, 5. April 2013 / 1. Etappe: Savannah, GA – Springfield, GA (79 km)

Nach einer unruhigen Nacht (teils wegen innerer Unruhe, teils wegen des heftigen Regens) stand ich um halb sieben Uhr Ortszeit auf. Dankenswerterweise verfügte das Hotelzimmer nicht nur über ein riesiges Bett, sondern auch über eine Kaffeemaschine und freien WiFi-Zugang. Zunächst musste alles Gepäck sinnvoll auf die Packtaschen verteilt werden. Zum Schluss versuchte ich nochmals vergeblich, das rechte Pedal anzuschrauben. Beim Transport war außerdem ein leichter Schlag ins Hinterrad gekommen und das Beleuchtungskabel beschädigt worden. Die Behebung dieses Problems mit dem Licht hat aber noch Zeit, da ich nur bei Tageslicht fahren würde. Die Rezeptionistin gab mir Adressen von drei Fahrradläden in Savannah, aber auch der nächstgelegene von diesen war immerhin über vier Meilen entfernt – zu viel zum Gehen oder Rollern an einer viel befahrenen Straße. Ich beschloss zu trampen, und tatsächlich hielt nach wenigen Minuten ein *Pickup*. Darin saß ein deutschstämmiger Armee-Offizier. Dieser fuhr mich sogar zu einem weiteren, mir vorher nicht genannten Fahrradladen, nahe der Innenstadt von Savannah, weil er dessen Inhaber kannte und von ihm überzeugt war. Johnny von *Bicycle Link* stellte fest, dass nicht das Gewinde, sondern das Pedal selbst beschädigt war. Ich erstand ein neues Paar und dazu gleich zwei Spanngurte (meine eigenen hatte ich entweder zuhause vergessen oder sie waren während des Transports aus dem Karton gefallen) sowie eine neue Trinkflasche (bei einer meiner beiden fehlte beim Auspacken der Deckel). Ein paar Tage später erhielt ich den Hinweis, dass das Pedal vermutlich völlig in Ordnung war – ich hätte es einfach nur umgekehrt eindrehen müssen. Ich konnte nicht mehr rekonstruieren, ob ich tatsächlich auf diesen peinlichen Anfängerfehler hereingefallen war. Johnny hatte schließlich den Defekt bestätigt – oder hat er nur so getan, um mir die Peinlichkeit zu ersparen oder nebenbei etwas verkaufen zu können? Immerhin konnte ich im Laden einen längeren Regenguss überbrücken. Es war schon 11.10 Uhr, als der Regen nachließ und ich Richtung Atlantik aufbrach. Schon nach vier Kilometern sorgte ein fieses Schlagloch, das ich wegen des darin gesammelten Wassers nicht erkannte, für zwei Risse im Hinterradschlauch. Ich verbrachte also erneut viel Zeit damit, mein Fahrrad fahrtüchtig zu machen – und ich musste gleich den Ersatzschlauch opfern. Wegen der verlorenen Zeit und wegen des dichten Verkehrs beschloss ich, auf das fehlende, etwa zwanzig Kilometer lange Stück bis zum Atlantik zu verzichten und gleich umzukehren, Richtung Westen. Schließlich hätte ich jeden zusätzlichen Kilometer zum Meer auch wieder zurückfahren müssen. Nach einer kurzen Stärkung ging es los. Leider war in Savannah die Beschilderung für Fremde ziemlich lückenhaft und für mich natürlich auch noch ungewohnt. Darum habe ich mich mehrfach verfahren, was ich aber jedes Mal recht bald spürte. Dennoch waren auf diese Weise heute etwa zwanzig vermeidbare Kilometer hinzugekommen. Radfahren in Savannah und seinen Vororten ist nichts für schwache Nerven. In der Stadt roch es abwechselnd nach den vielen Öl-Lachen vor den Ampeln oder nach Chemikalien (dem Nordwestwind „sei Dank" – an der Stadtgrenze tauchte eine riesige Fabrik auf), und die Highways waren stark befahren. Zum Glück fahren Amerikaner scheinbar weniger aggressiv als Deutsche, und es gab auch fast immer breite Seitenstreifen, aber das minderte natürlich nicht den Lärm. Positiv am vielen Verkehr war dagegen der Windschatten – als ich erst einmal aus Savannah heraus war, ging es trotz Gegenwinds relativ schnell voran. Außerdem kam langsam die Sonne heraus. Als ich die Regenjacke auszog, erschrak ich: Der Knoten vom Band meines Brustbeutels hatte sich gelöst und nur der leicht gebeugten Haltung und meiner Wampe hatte ich zu verdanken, dass der Beutel samt Pass und Reiseschecks noch nicht irgendwo auf dem Asphalt lag! Ich fuhr auf Highway 21 bis Springfield, wo ich auf den Highway 119 Richtung South Carolina abbog. Ich spürte schon während der Fahrt, dass es schwer werden würde, heute einen Zeltplatz zu finden. Es gab fast nur Gewerbeflächen am Highway, und die Privatgrundstücke waren klein und einsehbar. Ich beschloss, in Springfield jemanden zu fragen, ob ich im Garten zelten dürfe. Die ersten beiden wollten mir zwar gern helfen, wussten aber keinen geeigneten Platz. Plötzlich bog ein Streifenwagen der Polizei in die Straße, in der ich gerade interessiert die Grundstücke betrachtete... Der Hilfssheriff wollte natürlich wissen, was ich vorhatte. Ich erklärte es ihm mit reinem Gewissen. Offenbar vertraute er mir, und er bedauerte, auch keine Lösung zu wissen. Doch er wies mich darauf hin, dass gerade dies die übelste Gegend der Stadt sei. Das erstaunte mich, denn die Häuser sahen zwar recht ärmlich, aber keineswegs heruntergekommen aus. Mein dritter Versuch war erfolgreich. Ich ließ meinen ganzen Charme spielen und versicherte, dass ich ein ehrlicher Mensch sei. Eine ältere Dame, Mrs. Deas, meinte: „You even *sound* like an honest man." So erlebte mein Zelt seine Premiere in einer Kleinstadt von Georgia, und ich war gespannt, ob mich die vielen kläffenden Hunde in der Nachbarschaft irgendwann würden schlafen lassen. Der Tag begann mies, aber er endete versöhnlich. Ich hoffte, am nächsten Tag ein gutes Stück in South Carolina zu schaffen, ein paar fehlende Ausrüstungsgegenstände und Lebensmittel zu bekommen und mir einzuprägen, in welcher Packtasche welche Gegenstände verstaut waren.

Samstag, 6. April 2013 / 2. Etappe: Springfield, GA – Barnwell, SC (118 km)

Gegen Ende wurde die Nacht im Zelt noch unerwartet kalt – beim Start zeigte der Fahrradcomputer 5°C! Da ich noch keine Gaskartusche hatte, konnte ich weder Tee oder Kaffee kochen. Kaltes Wasser und zwei Scheiben Toast mussten erst mal genügen, aber nach den gestrigen Erfahrungen rechnete ich mit zahlreichen Fastfood-Restaurants entlang der Strecke, wo es sicher Kaffee geben würde. Doch weit gefehlt: Highway 119 erwies sich als ruhig und verlief fast schnurgerade durch wunderbares Sumpf- und Waldgebiet, wofür ich dann gern auf einen Kaffee verzichten konnte. Mein Etappen-Startort Springfield war die erste ansprechende Kleinstadt auf der Route. Es wurde ein strahlend sonniger Tag. Nach 20 km überquerte ich den Savannah River und damit die Grenze zu South Carolina. Ich befand mich sogar auf einer Route, die auch *Google Maps* für die Radtour Richtung Aiken, SC vorgeschlagen hatte, und beschloss, dieser zu folgen. Doch schon auf der ersten kleineren *County Road* nach der Grenze existierte die vorgeschlagene Abzweigung nicht, und ich nahm mir vor, mich bis zum Erreichen der ACA-Routen in Kentucky nur an die in der Autokarte eingezeichneten Straßen zu halten. Auf der erwähnten kleinen Straße hatte ich auch die erste Erfahrung mit einem mir folgenden Hofhund. Von denen gab es unzählige! Fast auf jedem Grundstück lebte mindestens ein Hund. Allgegenwärtig waren außerdem die flinken grauen Eichhörnchen *(Squirrels)*. Ferner kamen mir riesige Reiher sowie ein großer schwarzer Greifvogel, vielleicht ein Adler, vor die Augen. In South Carolina spürte ich die authentische Südstaaten-Kultur. Hier lebten fast nur Dunkelhäutige, und alle Klischees trafen zu. Dicke Autos in jedem erdenklichen Zustand, aus denen oft Hip-Hop oder Soul dröhnte, ebenso dicke Menschen (was mich angesichts des Warenangebots in den Geschäften nicht wunderte), und der Akzent war verdammt schwer zu verstehen. Das galt sowohl für Schwarze als auch für Weiße. Die Landschaft war recht grün, es überwogen Kiefern, aber auch Laubbäume trugen schon erstes Grün. In Estill, einem ziemlich heruntergekommenen Ort mit fast nur Schwarzen, wo sich am Highway die Autoläden und –werkstätten häuften, hoffte ich, eine Creme kaufen zu können, mit der ich meine Haut vor der ungewohnten Sonne schützen konnte. Es gab nur eine Sorte, und zwar eine Sonnencreme für Babys! Aber die war immerhin besser als gar keine. Und sie war nötig, denn gegen Mittag wurden die 20°C locker übertroffen. Ein junger Schwarzer mit Rasta-Frisur sprach mich an und war offensichtlich beeindruckt von meinem Vorhaben. Er wünschte mir im breiten Südstaaten-Akzent eine gute Reise: „Safe trip, maaan!“ Die Straße blieb nahezu kurvenlos und ziemlich eintönig, aber angenehm. Die Grundstücke entlang der Straße waren meistens sehr groß, und die berühmten privaten Schrottplätze waren ebenfalls Realität. Man hatte halt Platz, und bevor man einen ausgedienten Gegenstand für teures Geld dem Schrotthändler zur Entsorgung gab, überließ man es eben auf dem Hinterhof dem allmählichen Fortschritt des Gammels. Die Behörden warben für die „Adoption" eines Teils der Highways, also für das Kümmern um die Müllentsorgung, und das Wegwerfen von Müll stand unter empfindlicher Geldstrafe. Doch niemand schien es zu kontrollieren, und – noch schlimmer – es gab kaum öffentliche Mülleimer. Nur gut, dass die Gegend dennoch dünn besiedelt war, sodass der Müll längst nicht allgegenwärtig war. Bei den Häusern reichte die Spanne von Villa über Bruchbude bis zu mobilen Häusern (*Mobilehomes* oder *Trailers*), und sie waren fast immer aus Holz und mit großen Veranden (*Front Porches*) errichtet worden. Ich erreichte Fairfax und bald darauf Allendale mit Rückenwind. Dort fand ich einen WiFi-Zugang und stärkte mich. Außerdem erreichte ich Ray in Aiken, der mich am nächsten Tag erwartete. Und während ich zuerst noch ein Motel für heute Abend anpeilte, spürte ich, dass ich durchaus noch eine Zelt-Nacht aushalten könnte. Ich beschloss, noch bis Barnwell zu radeln und dort wieder um einen Garten-Zeltplatz zu bitten. Die ersten beiden, die ich fragte, verwiesen mich an einen 8 Meilen entfernten *State Park*. Die Leute konnten sich offenbar nicht vorstellen, was 13,5 weitere Kilometer bedeuteten, wenn man schon 115 hinter sich hatte. Ich fuhr ziemlich lange durch Barnwell und kam irgendwann zu einem riesigen Grundstück, auf dem ein hellhäutiger Mann und zwei Kinder im Garten herumliefen. Offenbar handelte es sich um einen reichen Latino, denn das Haus war aus Stein, und neben zwei Autos stand ein Boot neben der Einfahrt. Ich hatte großes Glück, und der Mann namens Nico willigte sofort ein, dass ich neben seiner Blumenhecke zelten dürfte. Während ich, an den Stamm einer Birke gelehnt, mein Tagebuch schrieb, konnte das Zelt, das am Morgen beim Einpacken mit Tautropfen bedeckt gewesen war, trocknen. Es war halb sieben am Abend, als ich mit dem Einräumen begann. Später ließ ich den Tag gemütlich mit etwas Musik ausklingen.

Sonntag, 7. April 2013 / 3. Etappe: Barnwell, SC – Aiken, SC (63 km)

Diese Zeltnacht war wesentlich angenehmer. Ich schlief bestimmt neun Stunden durch, bevor mich noch vor Anbruch der Dämmerung das vielfältige Gezwitscher der Vögel weckte. Am Morgen war es mit 11°C milder als am Vortag, aber wieder hatte sich Tau gebildet. Ich kam zu der Erkenntnis, dass mein Zelt ein Fehlkauf war. Zwar war es praktisch, dass Innen- und Außenzelt schon verbunden waren und ich das Zelt somit im Nu aufgebaut hatte. Aber wenn die Außenhaut feucht war, wurde durch das Zusammendrücken eben auch das Innenzelt nass. Man konnte beide Teile zwar trennen, aber sie wieder zusammenzusetzen wäre eine ziemliche Fummelarbeit. So wartete ich bis kurz vor 9 Uhr und packte dann das noch immer nicht ganz trockene Zelt zuletzt ein. Als ich gerade starten wollte, kam Nico aus dem Haus und schenkte mir zum Frühstück einen Apfel, eine Banane, einen Muffin und einen halben Liter Wasser! *God bless him!* – Die Fahrt heute war kurz und von perfektem Frühlingswetter begleitet. Ich freute mich, dass ich noch keinen Muskelkater hatte und der Wind auf den guten Highways sogar meist von hinten kam. Heute war Sonntag, und ich fragte mich, ob die unzähligen Kirchen wohl alle gut besucht sein würden. Es war erstaunlich, wie viele Gotteshäuser meinen Weg säumten: Baptisten, Methodisten, Presbyterianer, Lutheraner, Katholiken und ein paar kleinere oder freie christliche Gemeinden, deren Namen ich nie gehört hatte. Elko, SC hatte vielleicht hundert Einwohner, aber die paar Leute konnten sogar zwischen zwei *Baptist Churches* wählen. An einer davon fuhren gerade Karossen mit piekfein gekleideten, dunkelhäutigen Familien vor. In Williston gönnte ich mir ein warmes Frühstück (*Bacon & Eggs* und endlich echter Kaffee!) und füllte meinen Kaffeebecher anschließend mit Eiswürfeln auf, die ich in meiner Trinkflasche schmelzen ließ. Es sollte ein heißer Tag werden, und ich würde reichlich Wasser brauchen… Die jungen Frauen hinter dem Tresen verstand ich fast gar nicht, aber sie schienen sich für meine Tour zu interessieren. Sie konnten nicht glauben, dass ich den ganzen Weg bis Aiken mit dem

Rad bewältigen wollte. Dabei waren das nur noch 23 Meilen. Auch heute wurde ich von ein paar Hunden verfolgt. An einer Tankstelle an der Umgehungsstraße von Aiken fragte ich nach einem Stadtplan. Die Angestellte bedauerte, keinen zu haben, aber warf sofort einen Kartendienst auf ihrem Smartphone an und schrieb mir dann den Weg zu Rays Haus exakt auf. Die heutige Etappe war kurz, so konnte mein Gastgeber mich schon um 13:20 Uhr begrüßen. Die warme Dusche war eine Wohltat nach zwei Zeltnächten. Am Nachmittag führte mich Ray in seinem Auto durch Aiken. Ich fand die Stadt wirklich sehr ansprechend. Sie ist berühmt für Pferdezucht und Pferdesport (Galopp- und Springreiten sowie Polo), und die Rennbahnen und Trainingsgelände waren unglaublich groß (eines davon maß 18 Fußballfelder). Manche Straßen waren nicht asphaltiert, damit die Pferde auf dem Lehm- und Sandboden besser laufen konnten. Es gab zahlreiche Boulevards mit einem breiten Grünstreifen in der Mitte. Aiken hatte eine lebendige, von hübschen kleinen Läden und Cafés gesäumte Innenstadt, sowie eine kleine Universität. Dort arbeitete Gary, ein Freund von Ray, als Astrologie-Professor. Gary kam zum Abendessen vorbei, das Ray sehr appetitlich zubereitet hatte. Es gab Geflügelfilet mit Basilikum-Knoblauch-Soße und einen frischen Salat. Nach dem Abendessen beschlossen die beiden Freunde, deren gemeinsames Hobby das Geocaching ist, dass es Zeit für einen kleinen Gang mit Rays beiden sehr freundlichen, zwölfjährigen Hunden (Dodger und Jojo) sei. Die Gelegenheit nutzten sie dazu, mich zwei der *Caches* in der Umgebung finden zu lassen. Um an einen davon zu kommen, musste man zunächst Wasser in ein Rohr füllen, damit eine kleine durchsichtige Röhre an die Oberfläche kam. Genial! Zufrieden und dankbar stieg ich ins Bett einer hübschen amerikanischen Studentin und freute mich auf morgen und auf hoffentlich viele Kilometer nach Norden bei ähnlichem Wetter. Die Studentin, Rays Tochter, war übrigens nicht anwesend – deshalb durfte ich ja da schlafen!

Montag, 8. April 2013 / 4. Etappe:
Aiken, SC – Gray Court, SC (135 km)

Das Bett war bequem, aber dennoch schlief ich nur bis etwa drei Uhr gut. Die Zeitverschiebung war anscheinend noch nicht komplett überwunden, und außerdem trappelten Hundepfoten über das Laminat im Flur vor der Schlafzimmertür. Da passte es gut, dass Ray bereits um 6 Uhr aufstehen musste. Er war vor einem halben Jahr nach Atlanta, Georgia, versetzt worden und musste nun für die letzten vier Jahre seines Berufslebens von Montagmorgen bis Freitagnachmittag auf seine idyllische Bleibe verzichten. Eine Bekannte hatte einen Raum im Haus bezogen und kümmerte sich im Gegenzug um die Hunde. Nach einem guten, aber nicht sehr reichlichen Frühstück packte ich das Rad und verließ gegen halb acht diesen gastlichen Ort, noch immer ohne Muskelkater! Und es war ein Segen, so früh zu starten. Das Thermometer zeigte noch 12°C, aber es wurde schnell wärmer – am Nachmittag wurden bis 27°C erreicht. Ich verzichtete auf eine lange Hose und trug auch erstmals mein Coast-to-Coast-Trikot. Dieses verursachte gleich am ersten Tag einige Aufmerksamkeit und Anerkennung, obwohl ich doch erst einen winzigen Teil geschafft hatte. Ich fühlte mich wirklich willkommen bei den freundlichen Südstaaten-Typen. Selbst ein paar Schwarze, die ziemlich Furcht erregend aussehen, sprachen mich an und waren beeindruckt von dem, was ich vorhatte. – Aiken liegt auf einem Plateau, und so gab es erstmals zu Beginn dieser Etappe ein paar steilere Anstiege; danach wurde es wieder angenehm wellig. Außerdem sah ich heute erstmals keine Schilder mehr, die darauf hinwiesen, dass ich mich auf einer Evakuierungsstrecke für Hurrikans befand. Gleichwohl waren in den vorigen Tagen wie auch heute noch vereinzelt Sturmschäden an Häusern oder Wäldern zu beobachten. Obwohl es natürlich Spaß machte, bergab zu rollen, bedauerte ich jedes Gefälle, weil ich lieber das einmal erarbeitete Niveau gehalten hätte. Zunächst führte die Strecke auf Highway 191 durch ein Gebiet, in dem viel Holzwirtschaft betrieben wird. Manchmal überholten mich Trucks, auf denen lange Baumstämme zu einem Sägewerk transportiert wurden. In den Wäldern wuchsen vor allem Kiefern und Zedern. Außerdem gab es riesige Plantagen mit Obstbäumen. Zuerst rätselte ich, welche Früchte es wohl seien, deren Bäume gerade so wunderbar hellviolett blühten. Als ich Johnston erreichte, erhielt ich die Antwort. Die Stadt behauptet, „Peach Capital of the World“ (Welthauptstadt des Pfirsichs) zu sein. Dort nahm ich mein zweites Frühstück ein, zwei Scheiben Toast, eine Banane und eine Zimtschnecke. Die Temperaturen waren noch sehr angenehm, und ein mäßiger Wind aus Südwest schob mich zusätzlich. Es war ein wunderbares Radeln heute durch eine angenehme Landschaft auf guten Straßen. Als ich gerade zur Erkenntnis kam, dass auch die Hunde hier besser erzogen seien, wurde ich doch noch zweimal verfolgt. Aber Rays Tipp half: Ich sollte ihnen ein lautes „No!“ zurufen. Tatsächlich drehten sie dann gleich ab. Ich war erst nicht sicher, ob es besser wäre, sie zu ignorieren (um keine Angst zu zeigen) oder ihnen gutmütig zuzureden. – Die 13 Meilen von Johnston nach Saluda schaffte ich in 55 Minuten. Dort trank ich nur. Nach 80 Kilometern war ich noch immer nicht erschöpft und hielt an der Straßenkreuzung eines Kaffs namens Chappells nur, um nochmals einen halben Liter Wasser zu trinken. Das war ein Fehler, denn nur 8 Kilometer weiter musste ich anhalten. Spätestens seit Jan Ullrich wissen wir ja, was ein Hungerast ist: Man muss essen, bevor der Hunger kommt, sonst können plötzlich die Kräfte schwinden. Und da ich ja den Deal mit Gott gemacht hatte, verschob ich meine Pause eben nicht auf den nächsten Ort, Cross Hill, sondern lud gleich die Engergiespeicher nach, und zwar mit einer Banane und meiner letzten Tafel Ritter Sport Olympia für zwölf Wochen... Wieder bei voller Kraft näherte ich mich Laurens, einer „richtigen“ Stadt, und entdeckte kurz davor am Straßenrand ein kleines Ladengebäude, auf dessen Dach unzählige Tierschädel befestigt waren, vermutlich vor allem von Wild. Manche Menschen haben schon eigenartige Sammelgewohnheiten! Ich erreichte die Kleinstadt Gray Court gegen 16.50 Uhr. Ich hatte nun 135 Kilometer mit einem unglaublichen Schnitt von fast 21 km/h hinter mir und beschloss, dass dies genug und es Zeit für Zeltplatzsuche und Abendessen sei. Hier fand ich keinen Internetzugang und hatte deshalb keine Ahnung, ob meine gestern voreilig für den kommenden Tag in Greenville getätigte Übernachtungsanfrage bewilligt wurde. Dies bereitete mir etwas Kopfzerbrechen, denn ich war nur noch vierzig Kilometer von Greenville entfernt, und ich wollte die nächste Etappe natürlich nicht so früh enden lassen, sondern auf jeden Fall schon North Carolina erreichen, mit etwas Glück, je nach Wind und Bergtauglichkeit, sogar schon die Stadt Asheville. Doch jetzt hielt zunächst Gray Court ein Highlight bereit: Ich fragte wieder bei einem großen Grundstück, ob ich zelten dürfe. Die alte Dame verwies mich an einen Antiquitätenhändler an der Hauptstraße, einen Weißen, der ebenfalls ein großes Grundstück besaß. Dieser Mann hieß Everett Smith, Inhaber von *Somewhere in Time*, und bedauerte zutiefst, dass mich sein Wachhund beißen würde, weil dieser fremde Männer nicht ausstehen könne, scheinbar ganz im Gegensatz zu seinem leicht tuntigen Herrchen. Mr. Smith redete fast ohne Pause, gut verständlich, und erzählte mir seine halbe Lebensgeschichte. Vor neun Jahren war er nach Gray Court gekommen, kannte bald jeden hier und trug angeblich stark dazu bei, den Ort wieder zum Leben zu erwecken. Dann rief er den ihm persönlich bekannten Deputy Sheriff, Officer Summers, an, um für mich dessen Einverständnis zu erhalten, dass ich im öffentlichen Park zelten dürfe. Genau dort landete ich also, der Kopf voller Eindrücke von heute, der Bauch mit sehr leckerem Chefsalat und Pizza gefüllt, im Ohr das beginnende Konzert der Zikaden, während sich der Himmel rot färbte. Was für ein Tag! God bless Mr. Smith and Mr. Summers! So etwas hier zu sagen fördert die Gastfreundschaft – aber ich sagte es auch stets aus vollem Herzen, denn ich fühlte Demut und Dankbarkeit dafür, dass ich diesen Tag erleben durfte, und wusste, dass bald erheblich schwierigere Prüfungen auf mich warten würden.

Dienstag, 9. April 2013 / 5. Etappe: Gray Court, SC – Hendersonville, NC (115 km)

North Carolina!!! Als ich die Grenze zu meinem dritten US-Bundesstaat überquerte, stieß ich einen Jubelschrei aus und das breiteste Lächeln erfasste mein Gesicht. Wie oft hatte ich in Nicholas-Sparks-Romanen von diesem Bundesstaat gelesen! Zuerst hatte ich ja auch geplant, nach Norfolk, Virginia, zu fliegen, und dann erst einmal die Outer Banks, eine North Carolina vorgelagerte Inselkette im Atlantik zu besuchen, mit einem richtigen Leuchtturm als angemessenem offiziellen Start. Die Entscheidung, darauf zu verzichten und von Savannah zu starten, war dennoch genau richtig, denn auf diese Wärme (vielleicht nicht gleich so extrem…) und Windrichtung hatte ich spekuliert. Doch bei aller Freude über das Erreichen von *NC*: Ich hatte mich auch in South Carolina sehr wohl gefühlt, im Gegensatz zu Georgia.

Das Zelt war beim Einpacken wieder nicht trocken, und neben den Tropfen hatten sich auch Flecken gebildet, die von dem hohen Staubanteil in der Luft kamen, einschließlich gelblichem Blütenstaub. Ich startete bei 12°C und fuhr zunächst eine Weile auf dem belebten Highway 14. Aber schon nach 16 Kilometern in Fountain Inn nutzte ich die guten Frühstücks-, Einkaufs- und Online-Gelegenheiten. Leider war der Typ aus Hendersonville, bei dem ich heute Abend unterzukommen gehofft hatte, nicht erreichbar. Man spürte die Nähe zur größeren Stadt Greenville, und wieder waren jede Menge Gewerbeflächen am Highway zu finden, aber das Verkehrsaufkommen war noch erträglich. Ich war inzwischen mit den Beschilderungsmethoden vertraut und besaß seit gestern auch eine viel genauere Karte von den beiden Carolinas. Heute Morgen sah ich an meinem fünften Reisetag zum ersten Mal einen anderen Radfahrer (am Nachmittag dann noch einen). Die USA sind eben das Reich des Automobils, was aber angesichts der Weite, auch schon hier im Südosten, verständlich ist. So ist auch zu verstehen, dass die Amerikaner unter den gestiegenen Benzinpreisen schwer zu leiden hatten – obwohl der Sprit hier, verglichen mit Deutschland, nur etwa ein Drittel kostete. Eine Gallone bleifreies Benzin gab es zwischen 3,25 und 3,60 Dollar, Diesel war hier etwa 40 Cent teurer. Da fiel ein Radler natürlich auf, und es wunderte nicht, dass die Hunde ausflippten – Typen, die sich so fortbewegen, bekamen sie vermutlich sonst nie zu sehen. An manchen Straßen standen sogar Schilder „Bicycles share the road" – etwa so, als würden auf Deutschlands Bundesstraßen Pferdekutschen fahren! – Je weiter nördlich ich in South Carolina kam, desto geringer war der Anteil der schwarzen Bevölkerung. Außerdem gab es auch schon einen guten Prozentsatz Normalgewichtiger (wobei im Süden aber auch fast alle Weißen fett waren). – Ich trat heute eigentlich fast nur bergauf. Das lag daran, dass ich es bergab nach Möglichkeit rollen ließ. Die Hügel wurden zahlreicher, die Steigungen steiler, aber das tat alles zunächst nicht weh. Ich umfuhr Greenville östlich auf dem Highway 14. Hinter Greer fand ich bei schon 27°C einen schattigen Platz für eine Pause, kurz darauf in Gowensville war die Verlockung nach Cola, *Cookies* und Obst zu groß, und ich hielt erneut. Überhaupt muss ich gestehen, dass ich *Coca-Cola* wiederentdeckt hatte. Ein gekühlter halber Liter davon war bei diesen Temperaturen ein Hochgenuss und enthielt ja auch Koffein. – Hinter Landrum wimmelte die Luft plötzlich von kleinen schwarzen Käfern. Nach wenigen Kilometern erreichte ich um fast genau 15 Uhr die Grenze und unmittelbar danach den hübschen Ort Tyron, der eine ähnliche Atmosphäre wie Triberg im Schwarzwald ausstrahlte, aber viel kleiner war. North Carolina empfing mich auf allerlieblichste Weise. Als ich die Straße Richtung Saluda in Angriff nahm, war ich überwältigt von der landschaftlichen Schönheit und dem vielen Grün. Kein Wunder, dass jemand, der aus den Blue Ridge Mountains stammt, schmachtende Country-Songs über seine Heimat schreiben kann. Dennoch standen auch hier ein paar bildhübsche Anwesen zum Verkauf. Ich freute mich zunächst über die sanft steigende Straße, die mich an das Siebertal im Harz erinnerte. Am Straßenrand konnte ich erstmals meine Wasserflasche mit frischem Bergquellwasser füllen. Immer wieder flossen kleine Rinnsale die Böschung hinunter. Auf einem sonnigen Abschnitt sah ich auf dem Hang direkt neben der Straße erstmals in meinem Leben in freier Natur eine Schlange, die offenbar vor mir das Weite suchte. Sie hatte komplett schwarze Haut und war ungefähr zwei Meter lang. Je länger ich bergauf fuhr, desto härter wurde es. Meine Muskeln hätten wohl die ganze Strecke tretend geschafft – aber dazu hätte es mindestens 10 Grad kühler sein müssen. Ich musste mehr vor der Hitze als vor der Steigung kapitulieren und zum Schluss ein ganzes Stück zwischen Schieben, Ausruhen und Fahren im kleinsten Gang wechseln. Für die 14 Kilometer bis zum höchsten Punkt unmittelbar vor Saluda brauchte ich 100 Minuten (einschließlich Fotopausen). Doch ich fluchte nicht, sondern freute mich, dieses schöne Tal geschafft zu haben. Wer hier radelt, braucht eigentlich gar keine *Newfound Gap Road*… Hier oben waren die Bäume noch völlig kahl, aber bei der Hitze würden sie vermutlich in wenigen Tagen grünen. Nach Saluda, dessen Ortsbild bereits an Wildwest-Kulissen erinnerte, ging es zwar überwiegend bergab, aber es gab noch zahlreiche weitere knackige, jedoch viel kürzere Steigungen, die ich alle fahrend bewältigen konnte. Vor Flat Rock überquerte ich die Wasserscheide. Alles Wasser Richtung Südosten fließt irgendwann in den Atlantik, Richtung Nordwesten in den Golf von Mexico. Der Verkehr nahm wieder zu, da ich den Einzugsbereich von Hendersonville erreichte. Ein mir empfohlener Campingplatz kam wegen der Nähe zur vierspurigen Hauptstraße nicht in Frage. In Hendersonville suchte ich wieder nach einem passenden Grundstück in den recht hübschen Seitenstraßen abseits des Highways. Nicht gerade viele Leute waren draußen zu sehen, aber nach einiger Suche sprach ich eine etwa 40-jährige Frau namens Jean an, die gerade ihr Auto entlud. Sie war zunächst skeptisch, vertraute mir aber bald und stellte mich ihren Kindern vor. Ich erhielt die Erlaubnis, im Garten ihres mit einem hübschen Südstaaten-Landhaus aus Holz bebauten Grundstücks zu zelten. Um kurz vor acht, als die Familie noch laut lachend auf der vorderen Veranda saß, wollte ich mich eigentlich von den Wailin‘ Jennys in den Schlaf singen lassen, fand aber meinen mp3-Player nicht. Ich hoffte, dass ich ihn wenigstens bei Ray vergessen und nicht ganz verloren hatte.

Mittwoch, 10. April 2013 / 6. Etappe: Hendersonville, NC – Hot Springs, NC (99 km)

Heute erwartete ich die bisher größte Herausforderung – hinter Asheville stand mir der Hauptkamm der Appalachen im Weg. Da Asheville aber noch 40 Kilometer entfernt war, wollte ich nicht gleich morgens mit vollem Krafteinsatz fahren müssen und nahm daher bei noch angenehm kühler Luft zwischen Hendersonville und Asheville zunächst den viel befahrenen, vierspurigen Highway 25. Ich erreichte die Innenstadt von Asheville nach knapp zwei Stunden und freute mich über einen Trinkwasserbrunnen in einem kleinen Park. Die Stadt ist durchaus ansprechend. Ich hatte gehofft, in sechs Tagen hierher zu kommen. Nun war ich schon am Vormittag hier und wollte bei dem sonnigen Wetter noch Strecke machen, deshalb suchte ich erst gar nicht nach Konzertankündigungen. In drei Tagen wäre ein Bluegrass-Konzert im *Jack of the Woods* gewesen. In der Stadtbücherei half man mir, einen Fahrradladen zu finden. Dort, eine Meile entfernt, bekam ich zwar zwei Ersatzschläuche, jedoch sagte man mir, dass in Amerika die von mir bevorzugten Dunlop-Blitzventile unüblich seien. So musste ich Schläuche mit Autoventilen kaufen, und leistete mir dazu gleich die beste Luftpumpe für 44 Dollar. Die Angestellten bei *Youngblood Bikes* waren sehr interessiert und machten ein Foto von mir für ihre Webseite. – Die ersten 25 Kilometer hinter Asheville waren äußerst angenehm. Highway 251 führte immer leicht abwärts entlang des French Broad River durch fast siedlungsloses, aber nicht menschenleeres Gebiet. Mehrere, trotz noch fehlenden Laubes schöne Zelt- und Freizeitplätze am Fluss luden zum Verweilen ein, aber ich fuhr bis auf eine Ausnahme weiter. Als ich hielt, weil dort gerade wieder ein Bächlein „Ich bin Trinkwasser!" rief, kam ich mit zwei Radlern aus Kalifornien ins Gespräch. Überhaupt sah ich heute erstmals richtig viele Radler. Allerdings wunderte ich mich nicht darüber, weil ich wusste, dass Asheville als eine Art Radsport-Zentrum galt. Vor dem Ort Marshall mündete der Highway 251 in den Highway 25/70. Ab sofort war es mit dem bequemen Rollen vorbei. Nach 73 Kilometern an einer Tankstelle fragte ich nach dem nächsten Motel. Es gab ein kleines nach zwei Kilometern, das nächste sei dann 30 Kilometer entfernt in Hot Springs. Ich wusste, dass es nun richtig in die Beine gehen würde, beschloss aber angesichts der noch frühen Stunde (14:40 Uhr), es zu riskieren. Wie gestern knallte die Sonne herunter, schon im Schatten waren es 30°C. Noch vor Wochenfrist waren Temperaturen um den Gefrierpunkt normal für mich… Der Highway führte zunächst ständig auf und ab. Hinter dem Ort Walnut ging es erstmals so lange bergauf, dass ich wieder Pausen einlegen musste, aber nicht so viele wie gestern und wieder nur wegen der Hitze. Nach Walnut Gap folgten drei Kilometer Abfahrt bis zur Kreuzung mit Highway 208. Dort erwartete mich ein kleiner Schock: Hinter Hot Springs war angeblich die Straße gesperrt, und der Verkehr nach Tennessee sollte eine Umleitung über die 208 fahren. Peng! Auf der 208 wäre erst mal kein Ort und somit auch kein Motel gewesen, und vielleicht galt die Sperrung ja nicht für Radler. Ich beschloss, es über Hot Springs zu versuchen, zumal mir auch Google Maps vor acht Tagen nichts von einer Sperrung angedeutet hatte. Noch fünf Meilen bis Hot Springs, verriet das Schild an der Kreuzung im Tal. Ich rechnete also mit fünf Meilen Kletterei. Zunächst sah es ganz danach aus. Es begann moderat und wurde steiler, genau in Richtung der Sonne, also gab es keinen Schatten. Ich setzte mir immer Ziele: bis zum Ende dieser Leitplanke, bis zu jenem Stein, und so weiter, erst dann würde ich wieder auf den Kilometerstand schauen oder absteigen. So schaffte ich drei Kilometer bergauf recht erträglich, und plötzlich unterquerte ich eine Fußgängerbrücke: *Appalachian Trail, North Carolina Scenic Byway*. Also schon der höchste Punkt?! Auf jeden Fall rollte ich nun vier Kilometer hinab ins malerische Hot Springs. Hier begegnete ich dem French Broad River erneut (recht breit ist er wirklich!). Der Ort und die ganze Gegend ist ein Zentrum für Kanu- und Wildwasserfahrten. Einen toll gelegenen Campingplatz ließ ich links liegen, denn nach zwei Zeltnächten stand mir der Sinn nach Komfort. Ich nahm ein Zimmer im Motel *Alpine Court* für 47 Dollar und genoss die erste Dusche nach drei schweißtreibenden Tagen.

Donnerstag, 11. April 2013 / 7. Etappe: Hot Springs, NC – Kodak, TN (99km)

Ich hatte meinen mp3-Player wiedergefunden und konnte gestern zum Einschlafen wieder Musik hören. Heute stand ich mit Dolly Parton's „Travelin' Prayer" auf. Für diesen Tag waren mehr Wolken und am Nachmittag ein schwerer Gewittersturm angesagt. Ich startete also schon kurz vor acht und nahm die letzten zehn Kilometer nach Tennessee in Angriff. Die drei Kilometer Steigung zu Beginn waren mir hundertmal lieber als das, was dann kam: Nirgendwo gab es bisher so aggressive Hunde! Einmal kamen gleich zwei Köter von links auf mich zugerannt. Der kleinere (etwas größer als ein Dackel) rannte mir genau vors Rad, sodass ich nicht mehr ausweichen konnte, und vermutlich hatte er nun einen Rippenbruch. Geschieht ihm Recht, dem Scheißvieh! Zu meinem Glück siegten die Schmerzen dann offenbar über den Jagdinstinkt. Auch der hintere, größere Hund stellte die Jagd ein, als er merkte, was seinem Kumpel passiert war. Doch auch für mich hätte es böse enden können, denn ich konnte nur mit Mühe einen Sturz vermeiden. Das Vorderrad lief zum Glück weiter absolut rund. Ich wollte mir diese Situation lieber nicht im Rahmen einer umgekehrten USA-Durchquerung vorstellen. Dann wären mir die aggressivsten Viecher alle an Steigungen begegnet, und ich hätte sie nicht abhängen können. Natürlich finde ich es grundsätzlich gut und richtig, wenn Hunde wachsam, meinetwegen auch neugierig sind. Sie sollen ja das Grundstück bewachen. Aber an der Grundstücksgrenze sollte Schluss sein. – Im letzten Haus von North Carolina, 20 Meter vor der *State Line*, war ein kleiner Laden, wo ich meinen Morgenkaffee trank. Nun also Tennessee, mein vierter US-Staat, der erste, der nicht mehr an den Atlantik grenzte! Zuerst ging es minutenlang bergab in Richtung der vom Vortag erwarteten Sperrung. Die Brücke über meinen Kumpel, den French Broad River, wurde erneuert, aber es gab eine kleine Straße am Südufer. Ehrlich, etwas Besseres als die Sperrung hätte mir nicht passieren können. Die Ausweichroute war wunderschön, ruhig und flach, ein wenig Grün war an den Bäumen schon zu sehen, und Hunde hielten sich im Hintergrund. Tennessee begrüßte mich also ähnlich herzlich wie North Carolina vorgestern Nachmittag. Viele kleine Grundstücke am Fluss enthielten nichts weiter als eine Holzbude oder einen Wohnwagen, und die meisten davon standen zum Verkauf. Bei Del Rio, einem kleinen Kaff, musste ich wieder auf den Highway 25/70. Der Beamte im Postamt riet mir, diesen bei der nächsten Gelegenheit zu verlassen, weil er gefährlich sei. Der Verkehr war aber sehr moderat, und ich konnte alle Steigungen, die außerdem nie lang waren, gut bewältigen, und zur Linken sah ich die Berge. Als ich in Newport mein richtiges Frühstück einnahm, hatte ich schon 41 km geschafft. Hier vereinigten sich ein paar Straßen, und der Highway 25/70 wurde für ein paar Meilen breit und belebt, aber er hatte einen breiten Seitenstreifen. Kurz nach der Kreuzung mit der *Interstate* 40 zweigt Highway 411 Richtung Südwesten ab. Es ging sogleich wieder ständig auf und ab, dies aber inmitten einer traumhaften Landschaft am Fuß der Smoky Mountains, die teilweise sogar an Großbritannien erinnerte. Erstmals nahm ich Rinderzucht wahr. Weniger willkommen war mir die zweite Schlange der Tour (wieder so eine wie vorgestern). Ich war beeindruckt, wie rücksichtsvoll die Autofahrer, auch die Trucker, sich mir gegenüber verhielten, und wann immer ich konnte, dankte ich den Fahrern mit entsprechenden Gesten. In Anlehnung an den Welthit von Paul McCartney kam mir in den Sinn „Bike and car and large lorry, ride together in perfect harmony"… Je näher ich Sevierville kam, desto kurvenloser und breiter wurde die Straße. Und dann begegnete ich doch der ersten Pistensau: Ein *Pickup* überholte mich und bog unmittelbar danach, keine fünf Meter vor mir, rechts in ein Grundstück. – Sevierville hätte ich auch über die *Newfound Gap Road*, meine ursprünglich geplante Route durch den Great Smoky Mountains Nationalpark, erreicht. Von dort wäre ich auch durch Pigeon Forge gekommen und hätte einen Abstecher nach *Dollywood* gemacht, denn hier war Dolly Parton aufgewachsen. Am Stadtrand von Sevierville hieß die Straße übrigens *Dolly Parton Parkway*. Ich finde es schön, dass man in Amerika nicht erst tot sein muss, bevor eine Straße oder ein Platz nach einem benannt wird. In ihrem autobiografischen Lied „Coat of many colours" erinnert sich

Parton an ihre entbehrungsreiche Kindheit in dieser schönen Gegend, und man kann sich vorstellen, warum sie eine so starke Verbundenheit mit ihrer Heimat empfindet. Sevierville selbst wirkte auf mich ziemlich unspektakulär und hektisch, und außerdem erreichte das Thermometer zur Mittagszeit schon wieder 30°C, wobei es schwüler als an den Vortagen war. Ich überlegte, wie weit ich vor dem Gewitter noch kommen würde, und beschloss, nördlich auf dem *State Highway* 66 (nicht zu verwechseln mit der legendären Route 66!) Strecke zu machen. Der Südwestwind unterstützte mich nun und erlaubte Geschwindigkeiten von über 30 km/h auf dem breiten Seitenstreifen entlang der vierspurigen Blechlawine. Als die Wolken immer dunkler wurden, nahm ich Abstand von meinem Wunsch, noch bis Strawberry Plain zu kommen, und steuerte stattdessen schon um 14:40 Uhr ein *Days Inn Motel* unmittelbar an der Kreuzung mit der *Interstate* 40 an. Ich bekam ein ebenerdiges, hervorragendes Zimmer mit Frühstück für nur 46 Dollar. Zum zweiten Mal in Folge verfehlte ich die 100 km nur ganz knapp. Das war insofern bedauerlich, weil ich noch immer gut bei Kräften war, und nicht ganz ohne Stolz wunderte ich mich über meine Beine – waren die paar Anstiege zuhause am Bückeberg etwa als Training für die Appalachen schon ausreichend?! - Dennoch fuhr ich noch mal einen Kilometer zurück – nicht weil ich die Hundert schaffen wollte, sondern weil dort ein Informationszentrum über den Great Smoky Mountains National Park steht. Dort schaute ich mich ein wenig um, freute mich über tolle Bluegrass-Musik aus der Stereoanlage, und erfuhr, dass Sharon, die dort Dienst tat, genau an meinem Rückflugtag Geburtstag hatte. – Das erste Gewitter begann gegen 20 Uhr. Ich hätte also noch lange weiterfahren können, aber man soll das Glück ja nicht provozieren. In meinem komfortablen Zimmer ließ es sich jedenfalls sehr gut aushalten. Obwohl ich ziemlich müde war, konnte ich zuerst wieder nicht einschlafen. Das passierte mir bisher merkwürdigerweise immer dann, wenn ich ein bequemes Bett hatte (die *Kingsize*-Betten in den Motels, mit vier Kopfkissen und einer üppigen Tagesdecke ausgestattet, fand ich übrigens völlig übertrieben). So schaute ich mir im Fernsehen noch einen Teil des Basketballspiels *New York Knicks* gegen *Chicago Bulls* an. Es war so ziemlich das einzig Erträgliche zwischen Werbeshows und Katastrophenberichten: Gestern hatte es schlimme Sturmschäden in Mississippi und Arkansas gegeben.

Freitag, 12. April 2013 / 8. Etappe: Kodak, TN – Caryville, TN (97 km)

Über Kodak tobte das Wetter gegen drei Uhr nachts nochmals mit Donner und Platzregen, aber im Gegensatz zu den Ereignissen aus den Nachrichten war das hier eher ein „handelsübliches“ Gewitter. Ich war heilfroh, noch weit genug im Osten zu sein. Eigentlich hätte das nämlich nicht sein müssen. Ich hätte gestern von Westport gleich nach Nordwesten fahren und mir Sevierville und Knoxville auf dem direkten Weg nach Kentucky schenken können. Aber ich lag ja hervorragend im Zeitplan und wurde erst in fünf Tagen in Bowling Green erwartet. – Für heute hatte ich mir eigentlich vorgenommen, möglichst direkt nach Norden zu fahren und den Großraum Knoxville zu umgehen. Ein genauerer Blick auf die Karte ließ mich aber meine Meinung ändern, da der nördliche Teil von Ost-Tennessee viele quer verlaufende Hügelketten aufweist, von denen einige durch den aufgestauten, weit verzweigten Norris Lake getrennt sind. Es gab also gar nicht viele Straßen in diese Richtung. Es hatte sich deutlich abgekühlt; ich startete nach einem Gratis-Frühstück mit Kaffee, Cornflakes, Obst und Hefegebäck bei bewölkten 12°C. Die ersten 48 Kilometer hatten nichts Interessantes zu bieten: Unmittelbar nördlich der Autobahnauffahrt wurde es wieder ruhig auf der Straße, bevor ich bald nach Westen wieder auf den Highway 25/70 abbog. Der war vierspurig und stark befahren, landschaftlich belanglos, aber immerhin hundefrei und mit breitem Seitenstreifen (*Shoulder*). Der kühle Westwind machte mir das Vorwärtskommen so schwer wie noch nie seit dem Start. Das, was ich von Knoxville sah, war nichts als ein riesiges kilometerlanges Gewerbegebiet, und so hielt ich mich in der Stadt nicht auf und war froh, als mich Highway 33, der sich von Kollege 70 nur durch die heftigeren Aufs und Abs unterschied,

Richtung Norden wieder hinausführte. Nach weiteren zehn Kilometern kehrte der Spaß zurück. Hier zweigte der kleinere Highway 441 nach Nordwesten ab. Da der Wind gerade auf Südwest gedreht hatte, blies er nun sogar manchmal von hinten, wenn die Straße eher nördlich verlief. Es wurde bald erheblich ländlicher, und die Sonne kam nun dauerhaft heraus. Bei diesen Verhältnissen wunderte es nicht, dass ich häufig lebhaftes Quaken der Frösche wahrnahm. Angekläfft wurde ich auch heute, aber die meisten Hunde waren durch Zäune von der Straße getrennt. Nach dem gestrigen Erlebnis war meine Angst vor diesen Tieren gewachsen. Nun sah und hörte ich manchmal schon „Geister-Hunde": Es gab hier eine Krähenart, deren Ruf wie Hundegebell klang. Außerdem standen in vielen Vorgärten Reh-Figuren als Dekoration, vergleichbar mit Deutschlands Gartenzwergen. Von weitem war noch nicht zu erkennen, ob es sich um falsche Rehe oder echte große Hund handelte! Allerdings passierte ich heute sogar einen Hund, der zusammengerollt auf der Veranda lag, etwa dreißig Meter rechts von mir, und mich scheinbar *nicht* bemerkt hat! - Die Landschaft wurde nun hügelig. Steigungen und Gefälle wechselten häufig, dauerten aber nie lange. Ich schaffte alles fahrend. Mit 17-20°C waren die Temperaturen sehr angenehm, und ich konnte heute gut auf Cola verzichten. Auf den schnellen Abfahrten war zunächst noch das Sweatshirt geboten, zum Schutz gegen den Fahrtwind – ich erreichte in der Spitze heute 61 km/h!. Die Creeks, die ich überquerte, waren nach den Niederschlägen der letzten Nacht gut gefüllt und ziemlich braun. Nachdem Highway 61 gekreuzt war, begann das schönste Stück. In einem weiten Bogen verlief die Straße zuerst entlang des Tennessee River, in dem mehrere Angler standen, erklomm dann 85 Höhenmeter zur Staumauer des *Norris Dam*, kletterte weiter (beim höchsten Punkt stand ein schön gelegenes Motel – genau dort erlebte ich heute die einzige Hundeverfolgung), um dann rasant nach Lake City zur Kreuzung mit *Interstate* 75 abzufallen. Von dort fuhr ich noch zwölf Kilometer bis zum *Cove Lake State Park*. Diesen Parks im Nordosten Tennessees eilte der Ruf voraus, dass sie sehr hübsch gelegen sein sollen, und in einem solchen wollte ich heute zelten. Da das Büro am Eingang geschlossen war, folgte ich den Anweisungen auf einem Schild („For assistance call ranger") und wählte die angegebene Nummer. Es stellte sich heraus, dass es noch ein zweites Büro gab, nämlich das des Campingplatzes. Zu dem begleitete mich der gerufene *Ranger* und setzte für mich kostenloses Camping durch, obwohl die Sekretärin 22 Dollar haben wollte! Mein Zelt errichtete ich auf einem etwas harten, aber recht hübschen Platz. Ich wollte die Großzügigkeit des *Rangers* nicht missbrauchen, bezog deshalb keine der Parzellen am See, sondern zwischen Bäumen, wo die Vögel richtig Rabatz machten… Leider dröhnte auch ständiger Straßenlärm von der nur wenige hundert Meter entfernten Autobahn herüber. Ich spürte die Abendkühle schnell aufkommen. So verkroch ich mich schon um halb acht in meinen Schlafsack, aber da ich noch nicht so früh schlafen wollte, verordnete ich mir zuerst zum Wachbleiben eine Prise Heavy Metal von Helloween, später zum Einlullen dann sanfte Töne von Angelo Branduardi. - Noch ein Wort zu Tennessee: Es gibt hier wunderschöne Täler und Hügel. Aber die Menschen haben dem Land schon viele Narben zugefügt und bauen kräftig weiter, tragen ganze Berge ab, um noch mehr Straßen zu bauen oder Rohstoffe zu gewinnen. Die Erkenntnis, dass es unser aller Konsumverhalten ist, das die Anreize zum Raubbau an der Natur gibt, machte mich ziemlich traurig.

Samstag, 13. April 2013 / 9. Etappe: Caryville, TN – Corbin, KY (104 km)

Ich befand mich in der westlichsten Region dieser Zeitzone, also wurde es im Vergleich zur Atlantikküste merklich später hell. Das spürte ich in dieser kalten Zeltnacht. Zum ersten Mal erwachte ich noch vor dem Vogelgezwitscher. Wenn der Körper schon 30°C erlebt hatte, waren 4°C ganz schön heftig. Solange ich im Schlafsack nur die Nase an die Luft ließ, war mir warm. Ich kroch gegen acht Uhr aus dem Zelt, als die Sonne sich zeigte und die Luft bald auf 10-12°C erwärmte, aß ein Schälchen Müsli und belud mein Fahrrad. Die Fahrt begann wieder laut und vierspurig auf dem schon bekannten

Highway 25W Richtung Norden. Schon nach 13 Kilometern im Ort La Follette zog ich die lange Hose wieder aus, denn ich erwartete nun einen knackigen Anstieg. Ich konnte kaum fassen, wie nur fünfzig Meter nach der Abzweigung (immer noch auf 25W, doch die Hauptstrecke geradeaus ging nun in Highway 63 über) wieder Ruhe eingekehrt war! Was folgte, waren 34 Kilometer der schönsten Landschaft, die ich bisher auf der gesamten Tour erlebte. Es ging zunächst ein paar Kilometer bei geschätzt 7% Steigung bergauf, aber dann wesentlich länger bergab, nachdem mal wieder eine Wasserscheide überwunden war. Fortan begleitete mich der noch junge Cumberland River in dem recht engen Tal, durch das zusätzlich auch noch ein Bahngleis führte. Vor allem zu Beginn gab es noch eine Menge bewohnte Häuser entlang der Straße, und wenn eine Straße wenig befahren ist, heißt das…: Ja, die Hunde sind wohl das Los, wenn man Krach und Abgase hinter sich gelassen hat. Brenzlig wurde es einmal, als gleich drei Bestien mich jagten, aber zum Glück ging es bergab und ich war zu schnell für sie. Aber auch sonst hatte ich inzwischen vor bestimmten Grundstücken immer ein ungutes Gefühl und fuhr deshalb in solchen Situationen auch bergauf schneller als es im Sinne der Krafteinteilung gut gewesen wäre. Es gab zwischendurch immer auch längere Abschnitte ohne Häuser, die ich total genoss. Von links plätscherten unzählige Rinnsale die felsigen Böschungen hinunter, rechts bot der Fluss wunderschöne Anblicke durch das noch lichte Grün. Dieser fantastische Abschnitt endete bei Tageskilometer 52 im Ort Jelico. Ich war überrascht, schon in diesem Ort die Grenze zu Kentucky zu erreichen. Kein Schild verkündete „Welcome to the Blue Grass State“ oder ähnlich, alles war ziemlich unspektakulär (ganz im Gegensatz zur Gegenseite, wo Tennessee mit einem Super-Schild die Ankömmlinge begrüßte). Deshalb war es für mich weniger emotional als das Erreichen von North Carolina. Dennoch: Kentucky!!! Wie lange hatte ich mir vorgestellt, einmal die Wiege der Bluegrass-Musik zu durchfahren! Nun, das Bluegrass-Feeling würde sich schon noch einstellen. Ich befand mich immer noch auf Highway 25W, auch als dieser hinter Williamsburg links abzweigte. Es ging noch viele fiese kleine Hügel hinauf und hinab; die Muskeln mussten heute Schwerstarbeit verrichten. An der Kreuzung mit Highway 90 entschied ich mich, noch nicht Richtung Cumberland Falls zu fahren, sondern die 13 km Richtung Corbin einzuschlagen: Erstens hoffte ich dort auf mehr Auswahl bei der Zimmersuche, zweitens auf Live-Bluegrass in der nahen Stadt. An der Kreuzung mit der *Interstate* 75 südlich von Corbin nahm ich mir ein Zimmer für 56 Dollar in der *Mountain View Lodge* (bei *Best Western* gegenüber wollten sie 84 Dollar haben!). Es ist halt eine Touristengegend hier, und morgen würde ich zum Ausgleich wieder zelten. Diesmal musste ich mein Rad in den ersten Stock hieven. Im Internet war nichts von Live-Musik in Corbin zu finden. Schade, dann musste ich eben meine mitgebrachte Musik hören.

Sonntag, 14. April 2013 / 10. Etappe: Corbin, KY – Burnside, KY (71 km)

Ein farbenfroher Sonnenaufgang um kurz vor sieben deutete schon darauf hin, dass heute mehr Feuchtigkeit in der Luft lag. Da war es gut, dass die heutige Etappe recht kurz werden sollte. Ich ließ mir folglich morgens Zeit, versuchte vergeblich, noch einmal ins Internet zu kommen, frühstückte in aller Ruhe und startete bei 17°C erst gegen halb elf. Ich fuhr erstmals seit Savannah wieder ein paar Kilometer zurück, die ich bereits kannte, aber diesmal freiwillig. Nach 13 km kam ich wieder an die Abzweigung, an der ich Highway 25W endlich verließ und auf Highway 90 einbog. Der Begriff *Highway* ist keineswegs automatisch immer mit viel Verkehr und Lärm gleichzusetzen, sondern kennzeichnet lediglich die Zuständigkeit des Bundesstaates (*State Highway*) oder des Bundes (*U.S. Highway*), im Gegensatz zu *County Roads*. Es ist möglich, dass ein einziger Highway verschiedenste Verkehrssituationen von kurvenreicher Bergstraße bis Hauptverkehrsader durchläuft. Besagter Highway 90 bescherte mir zunächst 35 Kilometer äußerst kurvenreicher Berg- und Talfahrt, die ordentlich in die Beine ging. Ich hatte das große Waldgebiet *Daniel Boone National Forest* erreicht. Nach wenigen Kilometern war ich an meinem eigentlichen Ziel, dem Wasserfall des Cumberland River. Die Cumberland Falls gehören zu den schönsten Natur-Sehenswürdigkeiten Kentuckys. Hinsichtlich der Größe passt ein Vergleich mit dem Rheinfall bei Schaffhausen, aber hier lag das Spektakel mitten im Wald. Leider war dieser Wald noch immer fast nur braun. So war auch die Kulisse dieses prächtigen Wasserfalls zu dieser frühen Jahreszeit nicht so fotogen wie erhofft. In klaren Vollmondnächten lassen sich hier angeblich *Moonbows* beobachten, also die Spektralfarben, die durch Brechung des Mondlichts in der Gischt entstehen. Ich verbrachte gut zwei Stunden hier, bevor ich die nächste Kletterei anging. Der Wind, der mich bis zum Wasserfall noch unterstützt hatte, hatte inzwischen auf Südwest gedreht und deutlich aufgefrischt, und die 27°C fühlten sich deutlich kühler an. Da die Straße meistens kurvenreich und geschützt verlief, störte mich der Wind kaum. Viel mehr störte mich, dass immer wieder ganze Müllsäcke am Straßenrand standen, die hier einfach abgestellt worden waren – mitten im Naturschutzgebiet! Außerdem ist so eine Strecke natürlich beliebt bei Motorradfahrern. Ich sah (nachdem ich sie längst zuvor gehört hatte!) unzählige *Harleys*, auf den meisten von ihnen Typen wie aus dem Bilderbuch: Kopftuch statt Helm, Jeans-Weste, teilweise Zigarette im Mund… Radler habe ich im Gegensatz dazu seit der Asheville-Etappe keine mehr gesehen. Ansonsten ist es hier sicher sehr schön, wenn es grün ist – für mich war es eine kleine Enttäuschung. Vermutlich hätte es mir besser gefallen, wenn wie gestern ein Fluss in der Nähe gewesen wäre. – Beim Ort Parkers Lake vereinigte sich die Straße mit Highway 27, drehte nach Norden und war nun Ausbaustrecke mit breitem Seitenstreifen. Entsprechend schnell kam ich voran – zumal mein Ziel wieder am Fluss und damit auf niedrigerer Höhe lag. Ich steuerte den *General Burnside State Park* an, um hier zu zelten. Ich kam 16.20 Uhr an, zwanzig Minuten nach Schließung der Rezeption, und da heute Sonntag war, rechneten sie wohl nicht mit weiteren Besuchern – am Tag darauf sollte die Butze gar nicht besetzt sein. Mit etwas Glück käme ich also wieder kostenlos durch. Es war kaum etwas los, abgesehen vom angrenzenden Golfplatz, und ich konnte mir einen recht ebenen Platz mit gutem Boden nah der Waschräume aussuchen. Die Wolken hatten sich verdichtet, und es begann zu regnen, als ich gerade ins Zelt kroch. Zuerst las ich noch einige Seiten („Für immer vielleicht“ von Cecilia Ahern). Zum Einschlafen bei dem leichten Prasseln hörte ich Al Stewart. Ich war gespannt, ob das Zelt wie versprochen dicht bleiben würde…

Montag, 15. April 2013 / 11. Etappe: Burnside, KY – Columbia, KY (96 km)

14°C am Morgen wären endlich einmal genug gewesen, damit kein Tau das Zelt befeuchtet – auch während der Nacht war es mild, ich schlief kurzärmlig – aber durch den Regen am Abend lagen dennoch Tropfen auf dem Außenzelt. Wieder gab es Müsli mit Milch zum Frühstück. Mein Lieblingsmüsli der Marke *Alpen*, das es angeblich in den USA geben sollte, hatte ich übrigens bisher nicht entdeckt. Allerdings hatte ich Riesen-Märkte wie *Ingles* oder *Walmart* bisher gemieden. – Gegen neun Uhr startete ich, und schon nach wenigen Kilometern verfuhr ich mich. Die Ausschilderung war missverständlich, und auf meiner Kentucky-Straßenkarte fehlten diverse Straßen (eine bessere Karte hatte ich nicht gefunden – nur gut, dass ich in wenigen Tagen auf die Fahrradkarten der *Adventure Cycling Association* würde umsteigen können!). Ich wollte von Burnside nach Somerset radeln, erwischte aber eine Straße weiter östlich. Mein Instinkt führte mich auf die richtige Verbindungsstraße zurück; dennoch ließ ich mir dies sicherheitshalber vom (erstmals benutzten) GPS auf meinem Smartphone bestätigten. Mein Körper verlangte schon nach 16 Kilometern einen großen Salatteller mit *Chicken Nuggets* zum zweiten Frühstück. Danach ging es gut voran. Highway 80 war angenehm: eine mittelmäßig befahrene Straße mit mäßig welligem Profil und gut erzogenen Hunden (die höchstens bellten, aber nicht jagten). Ich fuhr fast 35 km ohne Pause, bevor ich im Kaff Windsor anhielt. Nun war ich seit zwei Tagen in Kentucky, und anders als zuvor hatte ich nicht schon wieder einen neuen Staat erreicht.

Das würde auch noch eine Woche so bleiben, denn Kentucky durchfuhr ich auf einem großen Teil seiner Ost-West-Ausdehnung. Was ich aber erreicht hatte, war die nächste Zeitzone. Nun war mir Deutschland sieben statt sechs Stunden voraus. Bei bewölkten 21°C ließ es sich weiter angenehm fahren. Kurz hinter Russell Springs kam die Sonne heraus, und da ich ohnehin viel Zeit hatte (meine heutigen Gastgeber erwarteten mich nicht vor 16 Uhr), nutzte ich diese für einen kleinen Einkauf und breitete auf dem Parkplatz des Marktes mein Zelt zum Trocknen aus. – Dank der exakten Wegbeschreibung wusste ich, dass ich gleich auf eine kleinere Straße abbiegen müsste. Die letzten zwanzig Kilometer bis zum Haus von Gary und Diane waren dann wieder eine Nervenprobe. Ich will wirklich nicht dauernd über Hunde schreiben, aber die waren hier nun einmal allgegenwärtig. Kurz vor Schluss wurde es einmal kritisch; das Vieh verfolgte mich mehr als hundert Meter. Alle anderen sahen mich zu spät oder gar nicht (!) oder waren angeleint. Aber so etwas wusste ich halt nie vorher, wenn ich mich einem Grundstück näherte. Ich traute mich kaum, zum Fotografieren zu stoppen. Dabei hätte es viele schöne Motive gegeben, idyllische Grundstücke an den Straßen im Hinterland, oder wunderschöne Wiesen, auf denen Pferde oder Rinder grasten. – Gary und Diane empfingen mich sehr herzlich, und auch Dogge Sandy hatte schnell kapiert, dass ich nichts Böses wollte. Gary war schon Rentner, Diane arbeitete im ambulanten Pflegedienst. Es gab Spaghetti Bolognese und frischen Salat zum Abendessen, und Vanilleeis mit Erdbeeren zum Dessert. Gary bot mir außerdem an, für meine Klamotten die Waschmaschine anzuwerfen, was ich dankend annahm. Außerdem schenkte mir Gary eine Spraydose zur Abwehr von Hunden. Die Marke war angeblich jahrelang erfolgreich bei Postboten und Lieferanten im Einsatz. Ich hatte schon vorher daran gedacht, mir so etwas zuzulegen, aber noch nichts Geeignetes entdeckt. Ich hoffte, ich würde es nie brauchen. Diane, deren Vorfahren zu drei Vierteln deutsch waren, die aber noch nie in Europa gewesen war, stellte einige Fragen über Deutschland, und ich musste meinen Vorsatz aufgeben, politische Themen zu meiden. Draußen war ein toller Sternenhimmel zu sehen, aber für den nächsten Tag wurden wieder Gewitter angekündigt. Die 135 Kilometer bis zu Robert, der am Rand von Bowling Green lebte, waren unter diesen Umständen wohl kaum zu schaffen.

Dienstag, 16. April 2013 / 12. Etappe: Columbia, KY – Glasgow, KY (90 km)

Eigentlich wären es nur 77 Kilometer gewesen, aber ich irrte am Ende noch eine Weile in Glasgow herum. – Das Frühstück lief nebenbei, und die Stimmung war gedrückt, da im Fernsehen die Bilder vom Terroranschlag auf den Boston-Marathon gezeigt wurden. Gary und Diane waren beide schon früh mit ihren Computern beschäftigt, allerdings auch, um mich mit neuesten Wetterprognosen zu versorgen. Demzufolge war für heute Nachmittag eine Gewitter-Wahrscheinlichkeit von 50% angesagt. Ich nahm mir vor, bis Glasgow zu kommen und dort ein Motelzimmer zu nehmen. Die Luft war bereits morgens feucht und schwer. Als ich gegen neun Uhr bei schon 22°C startete, begleitete mich Gary auf seinem Rennrad auf den ersten zwölf Kilometern. Dabei erfuhr ich ein paar interessante Dinge: In Kentucky gab es so viele *Countys* (Verwaltungsbezirke), weil ein altes Gesetz bestimmte, dass deren Sitze nicht mehr als eine Tagesreise zu Pferd auseinander liegen durften. Außerdem war in der Verfassung geregelt, dass das Gerichtsgebäude (*Courthouse*) immer an einem Platz (*Square*) errichtet sein musste. Ähnliche Regeln schienen auch in anderen US-Staaten zu gelten. – Als der Highway 80 abzweigte, verabschiedete sich Gary. Die Fahrt war anspruchsvoll. Es gab nach wie vor viele Hügel, aber die Wolken verhinderten, dass die schwüle Luft noch heißer wurde, und teilweise hatte ich die Straße minutenlang für mich allein. Die meisten Grundstücke lagen in einigermaßen Vertrauen erweckendem Abstand. Meine Mittagspause verbrachte ich in Edmonton. Danach ging es auf Highway 68 weiter, und die Sonne kam heraus. Der Wind drehte von Südwest auf Süd, sodass das Vorwärtskommen gegen Ende leichter wurde. Leider hatte ich vergessen, Gary meine Fahrradhandschuhe zum Waschen mitzugeben, da sie nicht in der Schmutzwäsche-Tüte gewesen waren. Ich erreichte Glasgow nach 73 Kilometern und wusste ungefähr, auf welcher Seite der Stadt die Motels sein sollten. Ich freute mich, ein *Days Inn* zu erblicken, doch das war mir mit 67 Dollar zu teuer - das unmittelbar benachbarte *Comfort Inn* begann sogar erst bei 74 Dollar. Schließlich hatten sich die Wolken teilweise verzogen - im Moment deutete es darauf hin, dass kein Gewitter kommen würde. Ich beschloss, die noch gut 15 Meilen bis zu einem Campingplatz zu fahren. Während ich mich eine Weile zwecks Stärkung und Toilettengang im Inneren einer Imbissbude aufhielt, hatte der Himmel jedoch wieder eine bedrohliche Farbe angenommen. Also: kein Risiko eingehen, ein Zimmer nehmen! Ich steuerte das *Happy Valley Inn* an, über das ich vorher schlechte Bewertungen gelesen hatte. Aber wenigstens wollten die nur 40 Dollar haben. Das Zimmer war wirklich etwas schäbig, aber einigermaßen sauber, und für eine Nacht reichte es.

Mittwoch, 17. April 2013 / 13. Etappe: Glasgow, KY – Bowling Green, KY (77 km)

Heute war mental der bisher anstrengendste Tag, aber auch körperlich stellte er mich vor ungeahnte Schwierigkeiten, auch wenn die Distanz nicht so lang war. – Ich wachte schon gegen 6:15 Uhr vom Straßenlärm auf. Es hatte wohl ein wenig geregnet, aber ein Gewitter hatte es nicht gegeben. Die Luft war jedenfalls schon am Morgen furchtbar schwül. Ich stärkte mich mit einer großen Schüssel Cerealien, trug meinen Baby-Sonnenschutz auf (der schien gute Dienste zu leisten!) und füllte meine Wasserflaschen mit Leitungswasser, bevor ich kurz vor neun Uhr das Motel verließ. Vor 10 Tagen hätte ich das Leitungswasser nicht trinken wollen, aber ich hatte mich inzwischen an den leichten Chlorgeschmack gewöhnt. Das Thermometer zeigte bereits 25°C. Mein erster Weg führte mich gleich auf die andere Straßenseite zur *Southern State Bank*, da mein Bargeldvorrat auf etwa 5 Dollar geschmolzen war. Die Angestellte dort behauptete allen Ernstes, dass man ein Konto haben müsse, um Reiseschecks in Bargeld zu tauschen. Sie hatte wohl noch nie einen Touristen bedient... Dreihundert Meter weiter bei der US Bank war man auch erst unsicher, aber freundlich und letztlich zu Diensten. Das große Gewerbegebiet von Glasgow lag bald hinter mir, und mit der Abzweigung auf Highway 252 stellte sich wieder ländliche Atmosphäre ein. Wie schon in den letzten Tagen waren die Leute überall am Rasenmähen, bei den riesigen Grundstücken offenbar fast eine Dauerbeschäftigung. Meistens saßen die meisten Leute beim Mähen auf kleinen „Mäh-Traktoren". Die Straße verlief mal direkt am Ufer, mal etwas entfernt vom Rand des Barren River Lake entlang, führte wie gehabt ständig auf und ab, blieb aber „ereignislos". Am Damm des Stausees hatte ich mich für elf Uhr mit Robert aus Bowling Green verabredet. Wir waren beide etwas früher dort. Als ich eintraf, war Robert bereits in ein Gespräch mit zwei Armee-Offizieren verwickelt, denen er schon erzählt hatte, warum er dort war und was ich vorhatte. Wir wurden gemeinsam fotografiert, und ich wurde kurz für eine regionale Zeitung interviewt. Robert war früher Soldat, wurde bei einem Fallschirmsprung verletzt und litt seitdem an Epilepsie. Er bekam Invalidenrente und arbeitete nebenbei als Botaniker an der Universität von Bowling Green. Seit er nicht mehr Auto fahren durfte, betrieb er Radsport als Hobby. Robert hatte sich für uns eine nicht ganz direkte, aber landschaftlich sehr schöne Route über die Highways 101 und 234 ausgedacht, um zu seinem Haus zu gelangen. Er war auf seinem Rennrad und ohne Gepäck natürlich viel schneller als ich, aber er wartete jedes Mal geduldig, wenn ich nicht mithalten konnte. Dennoch merkte ich, dass ich besser meinen eigenen Rhythmus fahren sollte und dass es meiner Psyche nicht so gut tat, wenn ich nicht wusste, wo ich mich gerade befand. So musste ich nur sechs Kilometer vor dem Ziel um eine Pause bitten, da ich Hunger hatte. Wir kamen gegen 14 Uhr bei Roberts Reihenhaus an, und eine Dreiviertelstunde später nahmen wir Platz, um sein hervorragendes Essen zu verspeisen (Rindfleisch, Kartoffeln und Möhren – alles über Stunden in einem Schmortopf gegart). Der Rest des Tages zog sich dann ziemlich. Robert wollte mir die Innenstadt zeigen, wusste aber nicht, wann und von wo ein Bus dorthin fuhr. So trotteten wir etwas ziellos durch ein unglaublich großes benachbartes Einkaufszentrum, weil er glaubte, dass da eine Haltestelle sei. Als es schon fast halb sieben war, sah er ein, dass es sich nicht mehr lohnte. Robert aß wenig und sagte, dass er wenig Schlaf brauche. Auf ein Abendessen wartete ich vergeblich. Je länger es dauerte, desto schwieriger wurde es für mich, die Konversation in Englisch zu führen. Ich konnte mich nicht zurückziehen, da Robert kein Gästebett hatte und ich auf dem Teppich im Wohnzimmer schlafen sollte. Er bemühte sich um mich, aber ihm fehlte das Einfühlungsvermögen, was ich ihm angesichts seiner gesundheitlichen sowie familiären Situation (frisch geschieden) nachsah. Für ihn war meine Anwesenheit wichtig, da er sonst wenig herauskam. Er hatte neulich schon den Wunsch geäußert, morgen mit mir nach Nashville zu fahren. Diesen Wunsch abzulehnen wäre mit Blick auf Roberts Gastfreundschaft – immerhin durfte ich zwei Nächte bleiben – unhöflich gewesen. Mir stand also ein weiterer anstrengender Tag bevor, trotz der ersten „Auszeit" nach dreizehn Radeltagen am Stück.

Donnerstag, 18. April 2013: Ausflug nach Nashville, TN

Zum Frühstück bekam ich zwar weder Tee noch Kaffee angeboten, aber immerhin gab es Koffein in Form von Cola, und Robert hatte auch Milch, sodass ich eine große Portion Müsli essen konnte. Wir verließen das Haus um halb neun und gingen zu Fuß zur Autovermietung. Es war ein kleiner Schock, dass der mir bei der Reservierung angezeigte Preis überhaupt keine Versicherung beinhaltete. So war ich auf einen Schlag 74 Dollar los, weil mir das Risiko, ohne Versicherung zu fahren, zu hoch war. Die Fahrt nach Nashville auf der *Interstate* 65 war angenehm und dauerte knapp eine Stunde. Das Stadtbild mit dem riesigen Football-Stadion der *Tennessee Titans* sowie mehreren Wolkenkratzern (der spektakulärste davon war der Sitz der US-Telefongesellschaft *AT&T*) war schon von weitem zu sehen. Wir fanden einen günstigen Parkplatz (7 Dollar für sechs Stunden) im Zentrum. Zuerst besuchten wir das Museum der *Country Music Hall of Fame*. Auf drei Etagen konnten wir eine Menge Informationen und Exponate über die Ursprünge, die Verbreitung und den Einfluss der Country Music bewundern. Darunter waren viele Kleidungsstücke und Musikinstrumente, die von Stars dieser Szene in fast 90 Jahren benutzt wurden, unzählige Gold- und Platin-Schallplatten sowie Accessoires. Außerdem wurden mehrere Filme gezeigt, unter anderem über die Rolle der Musik im Fernsehen, die Entwicklung seit Einführung der Videoclips und später des Internets. Es dröhnte aber auch von mehreren Seiten immer Musik aus verschiedenen Lautsprechern, sodass ich relativ schnell reizüberflutet war und es mir schwer fiel, den englischen Worten einer bestimmten Quelle aufmerksam genug zu lauschen. Anschließend aßen wir italienisch bei *Sbarro* zu Mittag. Ich war beeindruckt, aus unzähligen Kneipen sogar zur Mittagszeit Live-Musik zu hören. Auch ein paar Straßenmusiker waren zugegen, von unterschiedlicher Qualität und meist ziemlich urige Typen. Wir besuchten auch das *Ryman Auditorium*, das über vierzig Jahre lang die Konzerte der *Grand Ole Opry* beheimatet hatte, daneben aber auch für Veranstaltungen von Literatur, Politik und Kirche zur Verfügung stand. In den 70er-Jahren wurde das Gebäude stillgelegt, knapp zwanzig Jahre später reaktiviert. Man konnte sogar für ein offizielles Foto mit einem Instrument am Bühnenrand vor einem Mikrofon stehen. Danach spazierten wir noch durch Nebenstraßen zum Cumberland River. Robert quatschte dort eine junge Frau voll, die ebenfalls mehrere Monate mit dem Fahrrad unterwegs war, allerdings in Nord-Süd-Richtung. Zum Schluss saßen wir eine halbe Stunde in einem *Honky Tonk*, wo eine sechsköpfige Band recht gefälligen Country-Rock spielte. Dazu liefen gleichzeitig mindestens sechs verschiedene Fernseher… Es war so laut, dass ich kein Wort von irgendetwas verstand und froh war, als wir uns auf den Heimweg machten. Nashville ist wirklich einen Abstecher wert, aber der Trubel und die vielen Menschen waren auch sehr anstrengend, zumal ich auch noch als Gesprächspartner funktionieren sollte. Ich schaffte es, das Auto Punkt 18 Uhr in Bowling Green wieder abzugeben. Der Abend wurde nochmals schwierig. Roberts 16-jährige Tochter Sarah war da, beide waren ständig mit Laptop oder iPad beschäftigt. Aber diesmal gab es etwas zu essen! Robert war wirklich ein hilfsbereiter und guter Mensch, aber manchmal sprudelten die Worte wie ein Wasserfall aus ihm heraus, sodass ich teilweise nicht mehr folgen konnte und kaum noch die Hälfte verstand.

Freitag, 19. April 2013 / 14. Etappe: Bowling Green, KY – Rosine, KY (96 km)

In der Nacht zog eine Kaltfront über die Region und sorgte für einen Temperatursturz um 23 Grad! Weiter nordwestlich hatte es dazu wolkenbruchartige Regenfälle gegeben, aber in Bowling Green schien die Regenmenge nicht ungewöhnlich groß gewesen zu sein. Da Roberts Tochter um 6:50 Uhr abgeholt werden sollte, hatte ich mir den Wecker schon auf 6 Uhr gestellt, weil ich ja im Esszimmer schlief. Sarah erschien um 6:49 Uhr und verschwand sofort ohne ein Wort! Robert suchte derweil mal wieder nach Fahrradrouten im Internet. Wie hilflos mögen diese Leute wohl vor ein paar Jahren gewesen sein, als es das alles noch nicht gab?! Robert wollte mich auch heute wieder ein Stück begleiten. Ich bat ihn um einen frühen Aufbruch, weil ich ohne Zeitdruck fahren und dennoch möglichst früh in Rosine ankommen wollte. Wir verließen das Haus kurz vor acht Uhr bei 6°C, bedecktem Himmel und fiesem Westwind, der somit schräg von vorn kam. Ich holte nach ein paar Kilometern sogar das Stirnband heraus und fuhr mit normalen Handschuhen. Wir kamen auf dem bald sehr ländlichen Highway 132 langsam, aber ohne Pause 35 Kilometer voran. Gerade als ich meine Enttäuschung darüber äußerte, dass zum Verweilen nicht einmal die Möglichkeit bestand (z. B. Bänke, ein Häuschen an einer Bushaltestelle oder eine Imbissbude), tauchte doch ein winziger Dorfladen auf. Großstadtmensch Robert konnte das gar nicht verstehen; ich dagegen freute mich für die armen Bewohner dieses Kaffs, dass sie wenigstens nicht auch für kleinste Einkäufe weit fahren mussten. Wir tranken dort einen Kaffee und verabschiedeten uns dann voneinander. Nach weiteren 15 Kilometern erreichte ich Morgantown. Dort wollte ich

Reiseschecks einlösen und fand auch schnell eine Bank. Aber auch diesmal hätte ich ein Konto haben sollen. Bei einer zweiten Bank erhielt ich die gleiche Antwort. Beide schickten mich zur Post. Dort erklärte ich der Angestellten, was ich wollte, und sie sagte, ja, ich solle schon mal unterschreiben, sie müsse nur schnell nachschauen, wie das ginge. Inzwischen kam der Kollege und sagte, Reiseschecks könne man dort nicht zu Bargeld machen. Nun wurde ich etwas lauter, weil die Kollegin das Gegenteil behauptet und ich im guten Glauben durch meine Unterschrift soeben drei Schecks im Wert von 150 Dollar entwertet hatte! Dem Mann war das sichtlich unangenehm. Er könne mir lediglich die Differenz auszahlen, wenn ich etwas kaufe und mit den Schecks bezahle. Als ich sagte, na gut, dann hätte ich gern zwei Briefmarken, wurde auch dies abgelehnt, weil der Kaufbetrag mindestens 50% des Scheckbetrags ausmachen müsste. Da ich unmöglich Briefmarken für 75 Dollar kaufen konnte, zückte ich mein Telefon und wählte die Nummer von American Express, die man bei Problemen anrufen sollte. In diesem Moment siegte das schlechte Gewissen über die Vorschriftshörigkeit: Der Postmensch hielt mich zurück und sagte: „Meine Frau hat einen kleinen Betrieb. Ich nehme Ihnen jetzt die restlichen Briefmarken für meine Frau ab und bezahle sie aus meiner privaten Geldbörse“. Seine inkompetente Kollegin ward nicht mehr gesehen. Ich lernte daraus: Reiseschecks sind in den USA nicht mehr gebräuchlich; von ihrer Verwendung als wichtiges Zahlungsmittel ist unbedingt abzuraten! – Noch immer waren es nur 8°C, aber die Straße war nun durch viel Wald etwas geschützter. Ich zweigte von der bei wärmerem Wetter sicher recht angenehmen 231 auf die 505 ab, und die letzten zehn Kilometer vor Rosine waren noch einmal eine körperliche Tortur. Kurze, aber sehr steile Rampen verlangten mir alles ab, zweimal kam ich nur schiebend hinauf. Dann erreichte ich den lang ersehnten Highway 62 und war nach 88 km gegen 15 Uhr in Rosine angekommen, Heimatort von Bill Monroe, „The Father of Bluegrass Music“. Seit ich angefangen hatte, meine Reise zu planen, war dieser 19. April ein Fixpunkt. Denn jeden Freitag findet hier das *Rosine Barn Jamboree* statt, worunter ich mir eine Bluegrass-Session in einer

Scheune vorstellte. Ich war heute früh gestartet, ohne zu wissen, wo ich übernachten würde, und hoffte, in diesem kleinen Ort vielleicht eingeladen zu werden, wenn die Geschichte meiner Radtour die Runde machte. Dann entdeckte ich, dass es mitten im Ort einen kleinen Campingplatz gab. Zunächst wollte ich aber *The Old Homeplace* besuchen, das Haus, in dem Monroe aufgewachsen war und das als ein kleines Museum fungierte. Es lag vier Kilometer außerhalb auf der *Jerusalem Ridge*. Obwohl es eigentlich bis 17 Uhr geöffnet haben sollte, war es um halb vier verriegelt und verwaist. So konnte ich nur durch die Fenster ahnen, wie Familie Monroe wohl gelebt haben könnte. Trotzdem hätte ich den Besuch nicht missen wollen. – Wieder zurück im Ort führte mich mein Weg zunächst auf den Friedhof. Einige Monroes lagen hier begraben, und Bill hatte eine ehrwürdige Gedenkstätte bekommen. Anschließend kehrte ich bei *Woosley's General Store and Grill* ein und bekam fantastischen Kaffee sowie ein warmes Essen (Hühnerbrust, Ofenkartoffel, gemischter Salat). Hier war die Zeit offenbar vor sechzig Jahren stehen geblieben! Die Einrichtung und Dekoration stammte vermutlich aus jener Zeit. Verkauft wurde vermutlich seit Jahren nur noch das, was in der Küche zubereitet wurde (zum Einkaufen gab es gegenüber noch einen wesentlich moderneren kleinen *General Store*), aber das Flair war einzigartig und die Preise äußerst niedrig. Der Laden wurde nach dem Zweiten Weltkrieg von den Brüdern Everett und Herbert Woosley gegründet, die in Rosine für so ziemlich alles zuständig waren – „Jacks of all trades", wie es sie in ländlichen Gegenden häufig gibt. – Der Campingplatzwart und seine Frau lebten in einem Wohnwagen. Er begrüßte mich sehr freundlich, schließlich war ich der einzige Zeltgast (kein Wunder bei diesen Temperaturen!). Sonst gab es nur noch eine Toilettenkabine. Dafür kostete es nur sechs Dollar und lag nur 200 Meter von der Musikscheune entfernt. Diese betrat ich kurz vor 18 Uhr und freute mich, dass es relativ warm darin war und Sitzplätze gab. Ich bemühte mich um einen Platz, von dem aus ich gut sehen konnte, aber der etwas Abstand zu den anderen hatte; denn ich hatte mich nicht waschen können und stank nach kaltem Schweiß. Der Abend verlief ganz anders als erwartet. Es war keine „richtige"

Session und auch kein Bluegrass. Die Musiker standen auf der Bühne, zum Publikum gerichtet und vor Mikrofonen. Aber die Atmosphäre war sehr angenehm und ungezwungen, und alle Darbietungen erhielten ihre Wertschätzung. Vier verschiedene Gruppen, stilistisch zwischen American Folk und Country, bestritten je eine Stunde, wobei die Besetzungen aber mehrfach wechselten. Gäste betraten die Bühne, und manche Musiker spielten in mehreren Gruppen mit, vor allem ein älterer Gitarrist, Sänger und Songschreiber namens Floyd Stewart und ein Mittzwanziger namens Isaac, der Mandoline und Bass spielte. Diese beiden waren die tragenden Säulen des Abends. Leider war weder ein Banjo noch eine Geige zu hören. Zur ersten Gruppe gehörte ein Dobro-Spieler, der offenbar überhaupt keine Ahnung hatte. Weder die Töne noch die Sätze schienen ihm bekannt zu sein. Als ich schon müde wurde und überlegte, mein Zelt aufzusuchen, erhielt ich eine SMS von Byron, der mich morgen in Owensboro erwartete: „Bin unterwegs, um im kleinen Laden neben der Musikscheune in Rosine Bluegrass zu spielen. Sei in einer Stunde dort!" Wie, *neben* der Scheune?! Ich wartete vierzig Minuten und ging hinüber, und tatsächlich war dort eine Gruppe von Musikern versammelt, die echten Bluegrass spielten! Es kam aber niemand mehr hinzu – im Gegenteil: Nach einer Viertelstunde löste sich die Session auf. Beim Hinausgehen erkannte mich Byron, der Kontrabass gespielt hatte, an meinem Akzent und gab sich zu erkennen. Er war schon seit über zwei Stunden dort, aber seine SMS hatte mich erst nach dreieinhalb Stunden erreicht. So ein Pech! Wenigstens ein paar Lieder hatte ich noch hören können, darunter eines, das Byron im typischen Stil (*High Lonesome Sound*) sang. Auf dem Parkplatz verabredeten wir uns für morgen Nachmittag. Alle Wolken waren verschwunden, es war sternenklar! Dann ging ich zum Zelt und kroch in voller Montur in meinen Schlafsack (einschließlich Windjacke, Handschuhe, Stirnband). – Einiges lief heute nicht so wie erhofft, aber dennoch haben mir die Menschen und die Atmosphäre in Rosine gefallen. Ich hatte wohl zu sehr eine Art Bluegrass-Paradies erwartet, und ich lernte einmal mehr, dass man oft besser damit fährt, möglichst keine hohen Erwartungen zu hegen.

Samstag, 20. April 2013 / 15. Etappe: Rosine, KY – Owensboro, KY (72 km)

In der Nacht waren die Temperaturen auf den Gefrierpunkt gesunken. Ich fror eigentlich nur an den Füßen, aber das genügte. Der Morgen war strahlend schön, aber bitterkalt. Als die Sonne über die Wipfel lugte, wagte ich mich hinaus und packte alles zusammen. Auf dem Zelt hatte sich eine Reifschicht gebildet! Ich wusste, dass in dem kleinen Laden schon ab 6 Uhr Frühstück angeboten wurde. Es waren schon etwa zehn Einheimische dort versammelt. Obwohl sie aus der Gegend stammten, trafen sie sich jeden Morgen zum Frühstück bei Woosley's - offenbar eine gut funktionierende Gemeinschaft in diesem Dorf. Übrigens heißen Dörfer in den USA nicht etwa *Village*, sondern *Town*. Ich wurde jedenfalls neugierig beäugt und sehr freundlich über meine Tour befragt. Nach Spiegeleiern, Toast und Kaffee machte ich mich um kurz vor acht bei 4°C auf den Weg. Die ersten Meilen waren nach Bill Monroes größtem Hit benannt worden: *Blue Moon of Kentucky Highway*. Dieses Lied wurde übrigens im Jahr 1954 in einer Rock'n'Roll-Version von Elvis Presley als B-Seite seiner allerersten Single aufgenommen, und Elvis' wachsende Popularität bescherte auch Monroe zusätzlichen Ruhm. Da ich vorwiegend nach Nordwesten fahren wollte, hatte sich der Wind entschieden, aus dieser Richtung zu wehen. In Beaver Dam erreichte ich wieder den Highway 231, dem ich bis Owensboro folgte, einer recht großen Industriestadt am Ohio River, der Grenze zum Staat Indiana. Eine einzige kurze Pause nach 38 Kilometer im Ort Pleasant View genügte mir. Inzwischen war die Temperatur auf 9°C gestiegen. Die Straße war recht angenehm zu fahren, mittelmäßig belebt und wesentlich flacher als die Straßen der letzten Tage. Mein Ziel in Owensboro war das International Bluegrass Music Museum. Ich fand es sofort und erreichte es gegen 11.50 Uhr. Die Rezeptionistin war sehr freundlich und erlaubte mir, mein Fahrrad in der Lobby abzustellen. Als erstes ging ich in den Waschraum, zog mir ein frisches T-Shirt an und warf das schweißgetränkte alte T-Shirt einfach weg. Nun war ich bereit für die Ausstellung und war fast der einzige

Besucher! Aus mehreren Räumen klang Musik, denn hier wurde auch unterrichtet. Es gab eine Gitarren-, eine Fiddle- und eine Banjo-Klasse. Der Rundgang war äußerst informativ und hervorragend konzipiert. Außerdem gab es historische Exponate und wunderbare Kunstwerke zu bewundern, Zeichnungen, Gemälde sowie ein Blue-Moon-of-Kentucky-Mosaik. Als ich unmittelbar vor der Original-Fiddle von „Uncle Pen" stand, konnte ich Tränen der Rührung nicht zurückhalten. Die Bedeutung dieses Instruments für einen Bluegrass-Fan dürfte ähnlich sein wie die Gitarren von Jimi Hendrix oder Kurt Cobain für einen Rock-Fan. In diesem Museum spürte ich wirklich so etwas wie eine Aura all der Musiker, die hier gezeigt wurden. Etwas Ähnliches hatte ich gestern in Rosine nicht wahrgenommen. Ich bedauerte nur, dass im Verhältnis zu anderen zu viel Gewicht auf Monroe und seine Band gelegt wurde. Klar, er stammte aus der Gegend, war der Erfinder dieser Musik und wäre letztes Jahr hundert Jahre alt geworden. Aber viele äußerst erfolgreiche Musiker jüngerer Tage wie Jerry Douglas, Stuart Duncan, Chris Jones, Lynn Morris und sogar Ricky Skaggs wurden gar nicht oder nur am Rande erwähnt. Ich verließ das Museum nach drei Stunden. Vergeblich hoffte ich, irgendwo ein paar schöne Ansichtskarten zu kaufen. Auf Tourismus ist Owensboro offenbar nicht eingestellt. In einem Park am Fluss ließen sich gleich drei Brautpaare fotografieren. Die Bräute in ihren schulterfreien Kleidern müssen ganz schön gefroren haben… Dann machte ich mich auf den Weg zu Byron. Er war 53, geschieden und arbeitete als Filialleiter im städtischen *Liquor Store*. Er entschuldigte sich immer wieder für das Chaos in seiner Wohnung. Da er gerade ein Programm zum Abspecken absolvierte, standen unter anderem zwei Kraftmaschinen und zwei aufgebockte Fahrräder mitten in den Räumen. Mich störte das nicht, denn es war zwar unordentlich, wirkte aber sauber. Mein Zelt trocknete zuerst im Vorgarten, später in der Garage. Byron spielte Kontrabass in einer Band namens *Don Stanley & Middle Creek*, hatte aber zuhause auch zwei Gitarren stehen. So durfte ich nach der ersehnten Dusche ein paar Lieder auf einer tollen Martin-Gitarre begleiten und wunderbare Songs von Byron hören. Vor allem seine Version des Hank-Williams-Jr.-Hits „A

Country Boy Can Survive“ hat mich begeistert. Byron besitzt auch eine kleine Jack-Russell-Hündin namens CJ, die im Gegensatz zu so vielen Hunden an der Strecke fremde Menschen mochte und andere Hunde hasste. Wir spielten mit ihr eine Weile Hunde-Frisbee. CJ's Reich war die Küche und der Garten. Byron selbst schien seine Küche nicht häufig zu benutzen, und zum Abendessen zog er es vor, mich in ein stilechtes Barbecue-Restaurant namens *The Old Hickory* einzuladen. Schon die Fahrt dorthin war ein Erlebnis, denn Byron fuhr in einem 36 Jahre alten Jeep, den er liebte und in den er schon viel Geld investiert hatte. Byron war ein sehr angenehmer Gesprächspartner; ich würde ihn einen „liebenswerten Chaoten“ nennen.

Sonntag, 21. April 2013 / 16. Etappe: Owensboro, KY – Marion, KY (135 km)

Heute war ein fast perfekter Tag – einer, den selbst kleine Fehler nicht trüben konnten. Gleichzeitig begann heute der zweite Teil meiner Tour, denn Owensboro lag ja gar nicht auf dem direkten Weg von Savannah nach San Francisco. Ab jetzt ist Westen die vorherrschende Richtung. Ich hoffte, etwa zwei Stunden nach dem heutigen Start die *Transamerica*-Route der *Adventure Cycling Association (ACA)* zu erreichen und mich fortan nach ihr richten zu können. – Frühstück fiel aus, es gab nur Kaffee. Denn Byron hatte sich gestern Abend schon überlegt, heute angeln zu gehen. Außerdem hatte er mir einen Vorschlag gemacht, um auf die ACA-Route zu gelangen, und riet mir von Highway 56 ab, weil dieser so belebt sei und keinen Seitenstreifen habe. Als ich las, dass der Wind aus Ostsüdost blasen sollte, spürte ich jedoch keine Lust, zuerst 12 Meilen nach Süden zu fahren. Ich kaufte mir ein Sandwich und eine Banane an einer Tankstelle und ignorierte Byrons Vorschlag. Dies erwies sich als richtige Entscheidung, denn auf der 56 war nicht besonders viel los – verglichen damit, was ich aus Deutschland kannte. Amerikaner legten offenbar andere Maßstäbe an. Nach wie vor erlebte ich äußerst respektvolle Autofahrer und Straßen in gutem bis hervorragendem Zustand. Nach der Plackerei der vergangenen Tage war es eine Wohltat, den Wind im Rücken zu spüren und ohne Mühe im Flachen auch einmal 27 km/h zu erreichen. Es war mit 12°C beim Start zwar kühl, aber sonnig. Die ersten 50 Kilometer bis Sebree schaffte ich ohne große Anstrengung. Die Landschaft war deutlich flacher als weiter südöstlich. Nach 40 Kilometern, in Beech Grove, hatte ich die *Transamerica* erreicht. Kurz vor Sebree erblickte ich wenige Kilometer rechts von mir wieder eines der Kohlekraftwerke und eine riesige Abraumhalde. In Kentucky hatte der Kohlebergbau nach wie vor eine große Bedeutung. Immer wieder sah ich von Hausbesitzern aufgestellte Schilder, auf denen für die Unterstützung dieser Industrie und damit der Arbeitsplätze geworben wurde. Die Kohle wurde auf riesigen und sehr langsamen Güterzügen transportiert. Ich hatte seit Savannah noch keinen einzigen Personenzug, aber schon viele Güterzüge gesehen – und vor allem gehört. Die bis zu drei Loks hupten vor Bahnübergängen stets mit ohrenbetäubendem Lärm, gegen den jeder Truck und jede *Harley Davidson* vor Neid erblassen könnten. In Sebree legte ich meine Mittagspause ein. Aufgrund des Ostwinds hatte ich mir vorgenommen, heute bis Marion zu fahren, weil es dort einen Campingplatz geben sollte. Das waren immerhin 130 Kilometer, also galt es, auf Highway 132 abzubiegen und keine Zeit zu verlieren. Doch genau das passierte fünf Kilometer vor dem nächsten Ort Dixon: Hier nämlich kamen mir die ersten Fernradler entgegen, Jim (75 Jahre alt) und Dennis (73) aus Tallahassee, Florida. Wir sprachen fast eine halbe Stunde miteinander. Ein Segen für mich war ihr Hinweis, dass der Pfarrer der *United Methodist Church* in Marion Radler kostenlos in der Kirche übernachten lassen würde; die Telefonnummer stünde sogar auf der ACA-Karte. Schön, das war eine weitere Option. Dixon und der nächste Ort Clay waren verschlafene Nester, in denen nicht einmal die angegebene Tankstelle geöffnet hatte. Außerdem verfuhr ich mich in Clay und fand mich plötzlich auf einer verdächtigen *Country Road* wieder. Ich spürte schnell, dass dies nicht die 132 sein konnte. Ich stellte mein GPS an, fand auch meine Position, aber die Umgebung wurde nicht dargestellt. Ein Mann half schließlich und erklärte mir den Weg zurück auf den Highway. Inzwischen war die

Temperatur mit 20°C perfekt, und zum Glück war mir der Wind unverändert wohlgesonnen. Von Clay nach Marion waren es immerhin noch 36 Kilometer, und es war schon 16 Uhr. Auf diesem letzten Abschnitt zeigte sich Kentucky noch einmal von seiner landschaftlich schönsten Seite. Inzwischen war es auch viel grüner als letzte Woche. Auf den letzten 20 Kilometern wurde es wieder deutlich hügeliger. Ich wollte eine Stunde vor Ankunft den Pfarrer anrufen, stellte aber fest, dass die Nummer auf meiner Karte nicht angegeben war. Na gut, dann musste ich eben doch den Campingplatz ansteuern. Als ich jedoch Marion erreichte, sah ich bald an einer Kreuzung rechts ein Hinweisschild auf die United Methodist Church mit dem Zusatz „Cyclists welcome" und der Nummer! Ich nahm an, dass ich hier abbiegen müsste, um zur Kirche zu kommen. Allerdings fand ich sie nicht und irrte ein wenig durch die Wohngebiete. Ich fuhr zurück zu dem Schild und rief die Nummer an. Der Pfarrer war gleich sehr freundlich und erklärte mir den Weg. Ein paar hundert Meter weiter entdeckte ich die Kirche. Die Prediger nennen sich hier auch *Pastor*, und dieser freundliche Hirte hieß Wayne Garvey. Mir wurde als Quartier ein Raum zugewiesen, in dem sonst so etwas wie Bibelkreise stattfanden. Es gab Sofas, einen Kühlschrank, eine Kaffeemaschine, und ein paar Türen weiter auch Toiletten und eine Dusche. Das Motto hier war „Open hearts, open minds, open doors". Die Idee war der Gemeinde vor einigen Jahren gekommen, als ein Tornado Teile des Ortes verwüstet hatte. Das Kirchen-Nebengebäude war unbeschädigt geblieben, und man richtete Räume für die Handwerker ein, die die Schäden beheben sollten. Als die Handwerker nicht mehr benötigt wurden, kam der Vorgänger von Pastor Garvey auf die Idee mit der Radlerherberge, da die durch Marion führende ACA-Route sich wachsender Beliebtheit erfreute. Letztes Jahr waren über 120 Radler hier zu Gast! Das ganze Haus wirkte freundlich und lebendig (die eigentliche Kirche habe ich gar nicht zu Gesicht bekommen). Sogar den drahtlosen Internetzugang durfte ich nutzen. Das war gelebte christliche Nächstenliebe! Bei einem kurzen Spaziergang in der ebenfalls sympathisch wirkenden Stadt wurde mein Glücksgefühl von einem farbenfrohen Sonnenuntergang gekrönt.

Heute schaffte ich durchschnittlich über 21 km/h, während der Schnitt in den letzten Tagen zwischen 16 und 18 km/h geschwankt hatte. Noch gut 12 Meilen morgen, dann würde ich Kentucky mit einer Fähre über den Ohio River verlassen und Illinois erreichen.

Monstag, 22. April 2013 / 17. Etappe: Marion, KY – Goreville, IL (125 km)

Ich hatte gestern den Internetzugang in der Kirche ausgiebig genutzt und lag deshalb erst kurz vor Mitternacht im Bett, besser gesagt: auf dem Sofa. Da dieses mir zu weich war, zog ich bald auf den Fußboden um. Ich war der vierte Radler in diesem Jahr und verewigte mich, gleich hinter Jim und Dennis, im diesjährigen Gästebuch, dass Pastor Wayne liebevoll angelegt hatte. Solche Typen bräuchten die Kirchen auch in Deutschland, dann hätten sie garantiert viel mehr Zulauf. Müsli hatte ich dabei, Kaffee besorgte ich mir gegenüber in der Tankstelle. Die Sonne schien, es waren etwa 14 Grad. Der Wind hatte auf Süd gedreht und wehte den ganzen Tag mäßig, aber spürbar. Zu Beginn half er mir bei Einrollen, denn die ersten 19 Kilometer zur Fähre fuhr ich in nördlicher Richtung und benötigte nur 47 Minuten dafür. Auf dem letzten Kentucky-Kilometer wurde ich noch einmal von Emotionen überwältigt. Ich war sehr dankbar, dass ich hier zu Gast sein durfte und dass vor allem der Schluss so schön war. Außerdem blieb ich von Hundebissen verschont in diesem neben Virginia und Alabama angeblich hundemäßig schlimmsten US-Staat (gemäß den Berichten anderer Radler im Internet). – Der Ohio River war hier etwa 800 Meter breit, und eine kostenlose Pendel-Fähre brachte mich in wenigen Minuten hinüber nach Illinois ins Städtchen Cave in Rock. Jim hatte mir gestern den Tipp gegeben, von hier zum nächsten Ort Elizabethtown nicht der ACA-Route zu folgen, sondern den wenige Kilometer weiter nördlich verlaufenden Highway 146 zu benutzen, der weniger hügelig sei. Ich vertraute diesem Tipp und würde es im Nachhinein wieder so machen. Allerdings: Während es im Südosten Kentuckys immerhin 84 Kilometer bis zur ersten

Hunde-Verfolgung dauerte, waren es in Illinois gerade vier! Zum Glück blieb es der bisher einzige Fall. In Elizabethtown traf ich Nick, der auf einem Liegefahrrad auf einer Nord-Süd-Route unterwegs und im kalten Minnesota gestartet war. Außerdem sprach mich dort vor einem Laden ein älterer Einheimischer an. Er sei früher auch viel geradelt und kenne sich recht gut aus. Er versicherte mir auch, dass das Hundeproblem Richtung Westen immer weiter abnehmen werde. Nun diskutierten wir über die beste Route Richtung Goreville, meinem auserkorenen Tagesziel. Obwohl ich kürzlich noch beschlossen hatte, den ACA-Strecken zu folgen, wich ich zum zweiten Mal davon ab, weil dieser Mann glaubhaft versicherte, dass die ACA-Route zwar landschaftlich reizvoller, aber mit vielen steilen Hügeln zugleich viel anspruchsvoller sei als wenn ich auf der 146 bliebe und später nach Norden schwenkte. Mein Glück war, dass Jim mir gestern einen Teil einer Illinois-Karte geschenkt hatte (er und Dennis fuhren ostwärts und brauchten sie nicht mehr), auf der ich alles nachvollziehen konnte. Die nächsten 13 km bis zur Abzweigung nach Eddyville gab es zunächst keine Wahl, und es wurde wirklich recht anstrengend mit ständigem Auf und Ab; dazu machte die Straße vor Golconda einen Bogen nach Süden, also gegen den Wind. In Golconda, nach 64 Kilometern, genoss ich eine kühle Cola. Die Temperatur war auf angenehme 21 Grad gestiegen, und viele Menschen waren wieder am Rasenmähen… Überall zogen Greifvögel über dem warmen Aufwind ihre Kreise. Außerdem sah ich unzählige schwarze Truthähne. Für Letztere war übrigens gerade Jagdsaison… Weiter ging es Richtung Dixon Springs, zwar ziemlich kurvenlos, aber durchaus mit ein paar knackigen Hügeln durchsetzt, die mich schon an der Richtigkeit der Alternative zweifeln ließen. Von Dixon Springs nach Vienna und vor allem weiter nach West Vienna war es aber bei mäßigem Seitenwind kein Problem, und ich kam viel schneller als erwartet voran. Die Landschaft war durchaus reizvoll und unterschied sich nicht merklich von der in Kentucky. Zwischendurch passierte ich einen beeindruckenden Sumpfwald bei Grantsburg. In Vienna hatte ich 100 Kilometer erreicht und stärkte mich mit einer halben Pizza. In West Vienna verließ ich die 146, bog nördlich auf die 37 ab und hatte für die letzten 15 Kilometer noch einmal Rückenwind. Ich sah hinter Buncombe auf der rechten Seite einen riesigen Tagebaukrater von etwa 2 Kilometern Kantenlänge. Tja, ein Schnitzel stammt bekanntlich nicht aus der Fleischtheke, und auch Erz, Steine, Kohle und Sand müssen irgendwo gewonnen werden, denn wir sind für die Nachfrage verantwortlich. Dennoch schmerzte die Vorstellung, welch wunderbare Natur dem Bergbau zum Opfer gefallen sein musste. Kurz vor Goreville zweigte links die Straße in den *Ferne Clyffe State Park* ab, wo ich heute zelten wollte. Diesmal gab es Wegweiser, die mir ermöglichten, die komplett ausgestatteten Wohnwagen-Plätze zu meiden und das *Primitive Camping* in Anspruch zu nehmen. Es handelte sich allerdings nicht um eine Zeltwiese, sondern um einzelne Plätze im Wald. Abgesehen von einer vierköpfigen Gruppe etwa 100 Meter entfernt war ich der einzige Camper, und es war schön ruhig hier, solange nicht mal wieder in etwa zwei Kilometer Entfernung ein Güterzug mit dröhnender Hupe vorbeifuhr, auf dem Weg vom oder zum Bergwerk. Ich war mit der Tagesleistung und meinem Schnitt von 20,6 km/h sehr zufrieden. Der Nachteil war, dass es hier scheinbar keine Waschräume gab, sondern nur Plumpsklos und einen Frischwasserhahn. Egal, für den nächsten Tag war Gewitter angesagt, und darum würde die Etappe vermutlich kurz ausfallen und in einem Motelzimmer enden.

Dienstag, 23. April 2013 / 18. Etappe: Goreville, IL – Chester, IL (131 km)

Von wegen: Gewitter zur Mittagszeit… Von wegen: Motelzimmer… Von wegen: kurze Etappe… Es wurden 131 km, geplant waren 113, aber auch wenn es 150 geworden wären, hätte ich mich nicht beschweren dürfen.

Gestern hatte sich pünktlich zum Sonnenuntergang eine Wolkendecke gebildet, die dafür sorgte, dass die Nacht mit 13 Grad angenehm mild blieb. Es hatte sich nicht einmal Tau auf dem Zelt gebildet. Ich verließ den Campingplatz um 7 Uhr, und wieder war die Nacht kostenlos. Ich wollte eigentlich kein Zechpreller sein, aber: Es gab auf dem Weg zum *Primitive Camping* weder eine Rezeption noch eine Box zum Geldeinwurf. Lediglich ein Zettel in einem Glaskasten, den man leicht hätte übersehen können, wies darauf hin, dass man sich anmelden müsse, und zwar neben den Waschräumen des Caravan-Platzes. Dieser war aber über einen Kilometer entfernt, und da noch hinzulaufen sah ich dann wirklich nicht ein! Nach einem warmen Frühstück in Goreville machte ich mich gegen 8 Uhr bei geschlossener Wolkendecke und schwülen 16 Grad auf den Weg. Der Wind hatte seine südliche Richtung beibehalten, und da meine Route im Zickzack mal nördlich, mal westlich verlief, war das günstig für mich. Erstmals hatten die in der Karte vorgegebenen Straßen keine Nummer mehr, und unmittelbar westlich der *Interstate*-Zufahrt wurden sie sogar schmal und hatten keine Markierung. Allerdings waren sie auch in wesentlich schlechterem Zustand. Nach 20 Kilometern erreichte ich das Naturschutzgebiet *Crab Orchard National Wildlife Refuge*. Dort hatte ich für sieben Kilometer die Straße durch den Wald ganz für mich allein. Nach 47 Kilometern erreichte ich die relativ große Stadt Carbondale, und in deren Außenbezirk musste ich erstmals das Hundespray einsetzen, weil die beiden Hunde und ich uns gegenseitig zu spät sahen. Die Angriffsdistanz war unterschritten, und die Tiere sprangen auf mich zu. Die Wirkung war erstaunlich. Eines der Tiere schien sofort wie benebelt und drehte noch mindestens eine Minute ein paar Kreise auf der Straße; der andere Hund war nicht mehr zu sehen. Von weiteren Hunde-Erlebnissen blieb ich heute verschont, sodass Illinois diesbezüglich nach wie vor wesentlich angenehmer zu durchfahren ist als die vorigen Staaten. Es begann leicht zu regnen, aber ein Gewitter lag nicht in der Luft. Nur 13 Kilometer weiter erreichte ich bereits Murphysboro, es war halb zwölf. Diesen Ort, der zugleich der Schnittpunkt zweier Landkarten der *Transamerica*-Route war, hatte ich mir eigentlich als heutiges Ziel vorgestellt. Da es noch früh, das Gewitter bisher ausgeblieben und ich noch fit war, zog ich die Karte hervor und überlegte. Es waren noch etwa 59 Kilometer bis Chester am Mississippi – das wäre nicht nur machbar, sondern auch sinnvoll, denn auf der Westseite warteten die berüchtigten Ozark Mountains, und der nächste größere Ort war von Chester 80 Kilometer entfernt. Also nahm ich die vermeintlich kürzeste Strecke, die außerdem ein paar Hügel umgehen sollte: Highway 149 führte mich in einer halben Stunde zum Highway 3. Diesen hatte die ACA als viel befahren bezeichnet und diese Strecke in der Nähe des Mississippi-Deichs daher nur als „flache Alternative" angeboten. Ich dagegen sah kaum Autos und freute mich über den Wind von schräg hinten. Nach wenigen Kilometern erfuhr ich den Grund für das geringe Verkehrsaufkommen: Acht Meilen voraus sei die Straße gesperrt, sagte ein Schild. Es war auf meiner Karte schwer einzuschätzen, wo diese Stelle sein würde. Aber ich sah, dass es westlich noch ein paar kleine Straßen gibt, die notfalls als Ausweichstrecke herhalten und mich beim Ort Cora wieder auf den Highway bringen könnten, denn die offizielle Umleitung führte zurück in die Hügel und war deshalb gar nicht nach meinem Geschmack. Zwei entgegenkommende Autofahrer fragte ich, ob ich als Radler trotz Sperrung durchkommen könnte. Der erste sagte „No, the road is closed", der zweite „You should be able to get through". Ich beschloss, es zu versuchen – schließlich hatte sich die Sperrung in North Carolina auch als für mich nicht relevant erwiesen. Nach 94 Kilometern Fahrt erreichte ich Cora, wo alle Alternativen endeten, und die Sperrung begann erst hier. Es war 14 Uhr, und für 17 Uhr war das nächste Gewitter angekündigt; spätestens dann wollte ich in einem Motelzimmer in Chester sein. Ich sah schnell den Grund der Sperrung: Es war Frühling, der Mississippi führte reichlich Wasser aus den nördlichen Staaten mit sich, und nach heftigen Niederschlägen der letzten Tage war er über die Ufer getreten und hatte die Straße überflutet. Soweit ich sah, war das überflutete Stück etwa 100 Meter lang. Ich konnte aber immer noch den gelben Mittelstreifen im Wasser erkennen und schloss daraus, dass es nicht tief sein könne. Ich zog Strümpfe und Schuhe aus, band sie an den Lenker und watete hindurch. Das Wasser reichte bis unter die Knie. Auf der anderen Seite gewann die Straße wieder ein paar Meter an Höhe, und ich freute mich – zu früh! Eine weitere, zuvor noch nicht sichtbare Flutstelle war mindestens 400 Meter lang, und ihr Ende konnte ich wegen einer Kurve nicht sehen (den eigentlichen Flusslauf übrigens auch noch nicht!). Damit war klar, dass ich umkehren musste. Ärgerlich, aber selbst verschuldet: Ich hätte ja das Schild ernst nehmen können (auch wenn ein Hinweis auf den Grund der Sperrung hilfreich gewesen wäre). Nun also 13 Kilometer gegen den Wind, dann die Berge hinauf, und dann weitere 25 Kilometer bis Chester? Das wäre kaum zu schaffen. Ich beschloss: Falls ein *Pickup*-Truck aus Richtung Cora mich überholen sollte, würde ich den Daumen hinaushalten. Ich hatte etwa fünf Kilometer zurück absolviert, als Pam mit ihrem Wagen hielt. Doch anstatt mich auf die Umleitung zu bringen, tat sie mir einen noch größeren Gefallen. Sie war früher Postbotin und kannte jede Straße in der Gegend, auch die kleinen. Ich lud alles auf die Ladefläche (auch mich selbst, da der Beifahrersitz zugemüllt war), und nun begann eine Spritztour auf dem Rücken eines *Pickup*! Pam wollte nach Murphysboro, doch sie hatte eine Idee, wie sie ohne großen Umweg für sich, aber zum großen Vorteil für mich, dort hinkäme. Zunächst fuhr sie wieder die 5 Kilometer bis kurz vor Cora zurück. Dort zweigte sie auf eine *Country Road* bergwärts ab, der sie ungefähr 8 Kilometer folgte. Sie setzte mich an einer Kreuzung wenige Kilometer vor der eigentlichen ACA-Route ab (also der Strecke, auf der ich gefahren wäre, wenn ich mich nicht für die Deich-Alternative entschieden hätte). Pam, dich hat der Himmel geschickt! Nun waren es noch etwa 30 Kilometer bis Chester. Der Himmel wurde bedrohlich dunkel, aber es blieb noch trocken. Die letzten sieben waren die bisher gefährlichsten Straßenkilometer. Highway 150 ist normalerweise nicht sehr belebt, aber wegen der Sperrung fuhr dort jetzt alles, was sonst auf der Hauptstraße am Deich gefahren wäre, und es gab teilweise keinen Seitenstreifen. Einmal hielt ich es für angemessen, ins Kiesbett auszuweichen, weil ich spürte, dass sich zwei Trucks genau auf meiner Höhe begegnen würden. Schließlich erreichte ich Chester gegen halb fünf und suchte ein Motel. Die Auswahl war spärlicher als gedacht. Ein *Bed & Breakfast* war schon belegt, aber schließlich entdeckte ich in der Karte den Hinweis auf eine Unterkunft nur für Radler! Ich landete in einem mit Pritschen ausgestatteten ehemaligen Schuppen auf dem Gelände des Sportvereins *Chester Eagles*. Zum Gelände gehörte auch ein Restaurant, und es gab eine Dusche für Radler. Nicht schön, aber trocken und warm war es hier. Außerdem traf ich den ersten Deutschen: Marc aus Freiburg radelte von Miami nach Seattle! Wir gingen zusammen ins Restaurant, wo ich eine große Portion Salat aß, und wir tauschten natürlich ausführlich Reiseerfahrungen aus. Marc hatte sich für morgen 100 Meilen vorgenommen und wollte bei Sonnenaufgang aufbrechen, sodass sich der Gedanke an eine gemeinsame Weiterfahrt erübrigte. – Vor Beginn meiner Reise hatte ich mir gewünscht, innerhalb von drei Wochen den Mississippi zu erreichen. Dieses Ziel hatte ich heute erreicht, zwei Tage früher als geplant. Die Brücke über den Fluss war noch etwa vier Kilometer entfernt, aber sein Wasser hatte ich bereits hautnah (im wahrsten Sinne des Wortes) gespürt. Dieser Tag war ein weiterer Beweis dafür, dass eine Reise wie diese immer wieder für unvorhersehbare Überraschungen gut ist.

Mittwoch, 24. April 2013 / 19. Etappe: Chester, IL – Farmington, MO (92 km)

Marc verschwand wie geplant gleich nach dem Sonnenaufgang, fast geräuschlos und ohne Frühstück. Ich bedauerte ihn aufgrund der Eiseskälte draußen und döste anschließend noch zwei Stunden weiter. Es hatte kräftig geregnet, und die Morgentemperatur betrug nur 4°C, gefühlt sogar -1°C! Der Wind hatte auf Nord gedreht und wechselte im Tagesverlauf immer mal zwischen Nord und West. Da ich auch ein paar Abschnitte nach Süden oder Südwesten fuhr, war das besser als es hätte kommen können. Dennoch war ich am Morgen sehr unmotiviert. Es wehte eisig, und vor mir lagen die Ozark Mountains von Missouri. So ließ ich mir reichlich Zeit. Da mein einziges Sweatshirt dringend gewaschen werden musste, hatte ich mir vorgenommen, heute bis Farmington zu fahren, einer richtigen Stadt, wo es sicher einen Waschsalon geben würde. Sollte ich nun den Winterpullover anziehen, der eigentlich nicht fürs Radeln, sondern für kalte

Zeltnächte vorgesehen war? Wieder löste ein Wink des Universums die Frage: Auf der oberen Pritsche in unserem Kabuff hatte jemand eine Baumwolljacke liegen lassen! Ich wusste nicht, ob sie Marc gehörte, und ich konnte ihn auch nicht mehr fragen, da wir keine Nummern ausgetauscht hatten. Sonst war jedenfalls niemand mehr da, und das Teil hatte noch keinen abschreckenden Geruch angenommen. So nahm ich die Jacke kurzerhand mit und zog sie gleich an! Der Zustand der für Radler vorgesehenen Toilette war unbeschreiblich ekelhaft (die Dusche gestern war noch akzeptabel gewesen). Ich musste also noch eine Weile kneifen… Da der Clubraum am Vormittag geschlossen war, gab es weder Frühstück noch Internetzugang. Letzteren bekam ich aber in der örtlichen Bibliothek, wo es warm war und ich freundlich empfangen wurde. Dort konnte ich mein Online-Tagebuch um die Geschehnisse der letzten beiden Tage aktualisieren. Außerdem waren noch Frühstück und Einkauf fällig. Doch scheinbar lagen wieder alle größeren Läden nicht an der Straße, die laut Karte und Beschilderung Richtung Mississippi-Brücke führte. Also kaufte ich nur das Nötigste für heute in einem kleinen Tankstellenladen. Nun war es schon 12 Uhr, und ich konnte den Aufbruch nicht mehr hinauszögern. Inzwischen hatte es sich auf 9°C erwärmt, und die Wolkendecke ließ gelegentlich etwas Sonne durch. - Eine Stahlbrücke über den Mississippi River, ohne Seitenstreifen oder Fußweg, brachte mich nach Missouri, meinen siebenten US-Staat dieser Reise. Dort schob mich der Wind zuerst sechs Kilometer südwärts. Weitere sechs Kilometer kämpfte ich mich, noch immer in der Ebene, bei 15 km/h westwärts auf Highway H. Einige Landstraßen in Missouri tragen nämlich keine Nummern, sondern Buchstaben. Diese *Subordinated Highways* sorgen dafür, dass kein bewohntes Grundstück mehr als drei Meilen von einem Highway entfernt ist, und diese Straßen dennoch vom Staat Missouri und nicht etwa vom jeweiligen Verwaltungsbezirk unterhalten werden müssen. Dann begann die ständige Berg- und Talfahrt, von der ich aus anderen Reiseberichten schon gelesen hatte. Das Ozark-Plateau hat den Ruf der größten Achterbahn der USA… Das bedeutet, dass die Steigungen und Abfahrten selten lang, aber fast immer sehr Kraft raubend beziehungsweise rasant sind. Gleich die erste Steigung nach der Flussniederung schätzte ich auf 14%. Da half nur Schieben. Aber alle Rampen danach schaffte ich fahrend! Über den Ort St. Mary und Highway Z erreichte ich Ozora, wo ich links auf Highway P abbog, welcher mich nach weiteren neun Kilometern auf Highway B brachte. Inzwischen war es so mild, dass ich in kurzer Radlerhose weiterfuhr und auf die Windjacke verzichten konnte, zumal jetzt die knackigsten Steigungen bevorstanden. Die Straße führte über unzählige Hügel und durch fast ebenso viele Senken direkt nach Farmington. So anstrengend es auch war – die Landschaft war grandios! Hätten zwischen den Wiesen noch dichte Hecken oder gar Steinmauern gestanden, hätte es auch Südengland oder Wales sein können. Dieser Vergleich beruhte auch darauf, dass hier die Straßen den Hügeln angepasst worden waren. Anderswo (vor allem in Tennessee, aber auch in Deutschland) würde man einfach riesige Kerben in die Hügel schneiden, um die Steigungen in Grenzen zu halten. In dieser Gegend wird auch Wein angebaut – einige Weinbaubetriebe warben um Besucher zur Weinprobe. Ich sah aber nur einen einzigen Weinberg. – Haupterwerbsquelle der Landwirtschaft schien auch hier die Rinderzucht zu sein, während unten am Fluss große Ackerflächen und auch einige „Agrarfabriken" zu sehen waren. Die Grundstücke waren kaum noch zugemüllt wie in den Südstaaten, und einige der vereinzelten Häuser und Anwesen sahen nach viel Geld aus. Ich erreichte Farmington nach 81 Kilometern um 17 Uhr. Dass noch 11 Kilometer hinzukamen, lag daran, dass ich mich erst nicht entscheiden konnte, welches Motel ich ansteuern sollte, zumal zwei der vermeintlichen Unterkünfte gar nicht mehr existierten! Die ACA-Karte wies auf eine weitere „Radlerherberge" hin. Wie dort geschrieben stand, suchte ich die Polizei auf, um den Zugangscode der Tür zu erfragen. Ich fand eine umwerfend tolle Unterkunft vor! In dem aus Parterre und einem Obergeschoss bestehenden Gebäude des früheren Bezirksgefängnisses, nicht größer als ein Zweifamilienhaus, war *Al's Place* untergebracht. Die Herberge bot Platz in drei Zimmern für bis zu vierzehn Radler, aber außer mir war niemand da. Es gab Duschen, einen Kühlschrank, einen Mikrowellenherd, freien Internetzugang, eine Spüle und sogar Waschmaschine und Trockner! So konnte ich mir ein Nudelgericht warm machen, und ein Gang zum Waschsalon erübrigte sich – meine gesamte Wäsche war bereits am späten Abend frisch gewaschen und wieder trocken. Die Herberge wurde offenbar von der Stadtverwaltung unterhalten. Sie war einem gewissen Al Dziewa gewidmet, einem ehemaligen Radsportler, der im September 2005 mit 49 Jahren an Krebs gestorben war. Alles basierte ausschließlich auf Vertrauen, und sie erwarteten lediglich zwanzig Dollar pro Nacht. – Ich hatte heute bestimmt 800 Höhenmeter bergauf absolviert. Wenn die Steigungen in den Rocky Mountains tatsächlich „moderat" sein sollten, war ich wieder ein Stück zuversichtlicher, dass mein Vorhaben zu schaffen wäre.

Donnerstag, 25. April 2013 / 20. Etappe: Farmington, MO – Ellington,MO (104 km)

Ich hatte relativ schlecht geschlafen, weil mir kalt war. Der Nachteil an Al's Place war, dass man den Thermostat nicht verstellen durfte. Dennoch startete ich auch heute spät, denn es gab noch Dinge zu erledigen. Zuerst löste ich gleich drei Reiseschecks ein, weil ich eine Filiale der *US Bank* entdeckte. Die Angestellten dort wussten zwar auch erst nicht, was sie tun mussten, aber sie bemühten sich und erfüllten mir schließlich mein Anliegen. Um 10 Uhr öffnete der Fahrradladen gegenüber. Der Inhaber hatte noch nie einen Nabendynamo gesehen und konnte mir deshalb wegen der kaputten Beleuchtung nicht helfen. Na gut, östlich der Wüstenstaaten wollte ich ohnehin nur bei Tageslicht fahren. Und nach den Erfahrungen der letzten Tage glaubte ich, dass ich die langen Etappen in Utah und Nevada auch schaffen könnte, wenn ich *bei* anstatt *vor* Sonnenaufgang starte. Vor allem brauchte ich eine neue Reifendecke. Das Profil des Hinterrades war schon ziemlich abgenutzt, schneller als ich dachte, dabei waren noch nicht einmal 2000 Kilometer gefahren. Den neuen Hinterreifen montierte ich gleich. Ich fand es überaus hilfreich, dass im Erdgeschoss von *Al's Place* sogar ein Raum als Werkstatt eingerichtet war!

Bei der Montage verstellte sich aber irgendetwas an der hinteren V-Bremse, was ich nicht wieder hinbekam. Doch ich ging noch einmal zurück, und der Ladeninhaber half mir. So konnte ich gegen 12 Uhr diesen überaus gastlichen Ort verlassen. Inzwischen war es schon relativ angenehm, und ich fuhr in kurzer Hose, zunächst Richtung Westen gegen den Wind auf Highway 221 bis Pilot Knob. Obwohl ich dort erst 28 Kilometer hinter mir hatte, stärkte ich mich, denn gleich stand mir eine knackige Steigung bevor. Hinter Graniteville bog ich auf Highway N ein. Den Achterbahncharakter fand ich auch hier vor, es ging ständig auf und ab. Zweimal musste ich ein kurzes Stück schieben, weil es einfach zu steil war. Das war aber nicht das Schlimmste. Der Hunde-Horror war mit voller Macht zurück, nachdem es gestern in Missouri keine Zwischenfälle gegeben hatte. Nun erlebte ich innerhalb kürzester Zeit gleich fünf Jagdszenen (ich erwähne immer nur die Vorfälle, wenn die Hunde mich außerhalb ihrer Grundstücksgrenzen verfolgten!). Die ersten beiden Hunde sowie den fünften konnte ich durch lautes Rufen beeindrucken. Beim dritten Vorfall kamen dagegen gleich vier Köter auf die Straße gelaufen. Drei davon wichen zurück, als ich das Spray einsetzte, der letzte lief kläffend vor mir her. Ich wusste nicht, ob er mir den Weg abschneiden wollte oder seinerseits vor mir flüchtete. Irgendwann nach gut zweihundert Metern lief er rechts eine Böschung hinauf, sodass ich ihn endlich passieren konnte. Kurz darauf hatte sich noch einmal ein Hund bis auf drei Meter genähert, und ich musste das Spray zu Hilfe nehmen. Alle Vorfälle spielten sich in Iron County ab. Darum war ich froh, als ich Reynolds County erreichte. Manchmal unterschieden sich nämlich die Gesetze über Tierhaltung oder Grundstücksbegrenzung erheblich zwischen den einzelnen Verwaltungsbezirken. – Je weiter ich nach Westen kam, desto weniger hatte sich die Natur schon entwickelt. Während in Illinois der Frühling im vollen Trieb war, trugen die Laubbäume hier gerade das erste zarte Grün. In den höheren Lagen ab 400 Meter waren viele Bäume noch ganz kahl. – Irgendwann erreichte ich die Kreuzung mit Highway 21, auf dem ich bis zum heutigen Ziel blieb. Nun waren es noch 34 Kilometer, und die ungetrübt scheinende Sonne hatte die Luft auf angenehme

19°C erwärmt. Die Steigungen waren auf diesem Abschnitt spürbar moderater. Das lag allerdings auch daran (und damit muss ich meine Behauptung von gestern revidieren), dass hier eben doch enorme Mengen Gestein bewegt worden waren, um die Steilheit durch tiefe Einschnitte in den Hügeln sowie hohe Wälle in den Senken zu mildern. Drei der letzten vier Berge zwischen Centerville und Ellington schaffte ich sogar im zweiten Gang. Allerdings war der Zustand der Straße etwas schlechter – kleine quer verlaufende Rippen sorgten für stetes Rumpeln, was dem Fahrrad vermutlich nicht besonders gut gefiel. In Ellington wollte ich erneut eine Unterkunft nur für Radler aufsuchen. Doch bei drei Versuchen, die angegebene Nummer zwecks Wegbeschreibung anzurufen, erreichte ich jeweils nur ein Faxgerät. Es war für Ellington auch ein Campingplatz eingezeichnet, und da das trockene Wetter bis morgen früh halten sollte, hatte ich mich ohnehin auf Zelten eingestellt. Es stellte sich heraus, dass es lediglich der städtische Freizeitpark war, auf dem man kostenlos zelten durfte. Es gab eine Toilette und ein Waschbecken, aber nicht von der besonders einladenden Sorte… Etwa hundert Meter entfernt fand ein Kinder-Baseballspiel statt, und bis weit nach Einbruch der Dunkelheit waren unzählige Kinder am Kreischen. Mit etwas Bluegrass- und Folk-Musik schlief ich aber dennoch schnell ein. Marc war tatsächlich schon gestern in Ellington angekommen, hatte also meine zwei Etappen in einem Tag geschafft, eine fast übermenschliche Leistung bei diesem Terrain und angesichts der morgendlichen Kälte.

Freitag, 26. April 2013 / 21. Etappe: Ellington, MO – Summersville, MO (82 km)

Schon in der Nacht hatten Regenschauer eingesetzt, ohne deren Geräusche ich bei 7 Grad recht gut geschlafen hätte. Als ich gegen halb acht aufstand, war das Zelt außen klatschnass. Der Wetterbericht hatte Schauer für bis 9 Uhr und dann wieder für den Mittag angekündigt. Ich hoffte, die 82 Kilometer bis Summersville größtenteils zwischen diesen Schauern bewältigen zu können. Doch nach dem Frühstück, gegen 9:15 Uhr, schien es sich eingeregnet zu haben. Es wehte auch fast kein Wind, der die Wolken hätte vertreiben können. Es half nichts, ich musste starten, immer der *State Route* 106 folgend. Mir war klar, dass diese Etappe einsam werden würde. Zwischen Start und Ziel lag nur ein einziger Ort, und zwar Eminence nach 50 Kilometer. Nach mäßig schwerem Beginn kam es bald knüppeldick. Gleich fünfmal musste ich kurze Stücke schieben – die Steigungen waren einfach zu steil. Die Achterbahn blieb mir erhalten. Die Straße führte durch ein ausgedehntes, herrliches Mischwaldgebiet, für das ich aber kaum ein Auge hatte. Die Feuchtigkeit sorgte für weitere Fortschritte beim Grünen der Laubbäume. Ich kämpfte stumpf gegen die Steigungen und den Dauerregen und musste mich zwingen, nicht zu oft auf den Tacho zu schauen, damit die Entfernung bis Eminence, wo ich auf eine warme Imbissbude hoffte, nicht zu langsam abnahm. Noch zwölf, noch achteinhalb, noch sechs, noch vier, noch drei Kilometer… natürlich immer mit knackigen Steigungen dazwischen. Meine Regenjacke, im schottischen Dauerregen bewährt, schützte meinen Oberkörper recht gut. Aber in den Nacken rann halt doch etwas Wasser, und auch Hände, Beine und Füße waren durchnässt. Ich würde mich um ein Ersatzpaar Schuhe bemühen müssen, denn ich hatte nur dieses eine Paar dabei. Nach drei Stunden Fahrt erreichte ich Eminence. Ich betrat *Ruby's T&T Family Restaurant*, auf dessen Parkplatz reichlich Betrieb war. Ganz Eminence schien hier *Lunch* einnehmen zu wollen. Ich verschlang eine große und wohlschmeckende Mahlzeit: *Catfish* mit Kartoffelspalten, Salatteller vom Buffet und zwei Schälchen Vanillepudding mit Pfirsichen zum Dessert. Tim aus Chicago setzte sich zu mir. Er und seine Frau waren wie jedes Jahr zum Kanufahren auf den nahen Campingplatz gekommen und weilten jetzt ebenfalls zum Trocknen in der warmen Gaststube. Die Wettervorhersage hatte heute erstmals erheblich danebengelegen. Der Regen blieb, und statt 13 Grad wurden es maximal 10. Nach gut einer Stunde schwang ich mich wieder aufs Rad, um die letzten 32 Kilometer anzugehen. Das erste Drittel davon war bezüglich Gelände und Wetter so wie die Strecke zuvor. Tim überholte mich mit dem Wagen unmittelbar vor seinem Campingplatz. Es folgte der härteste Abschnitt. Ich musste hier ein 600 Meter langes Stück schieben, aber danach wurden die Steigungen kürzer und nicht mehr so steil. Zwölf Kilometer vor dem Ziel schien es heller zu werden, und leichter Rückenwind kam auf. Aber ich hoffte vergeblich. Völlig durchnässt und steif vor Kälte erreichte ich Summersville nach fünf Stunden Dauerregen und fragte mich zum Motel durch. *Rose's Green Roof Inn* war einfach, aber sauber, und es kostete nur 30 Dollar pro Nacht. Ich buchte gleich zwei Nächte, da auch für morgen Regen angesagt war und ich mir vor der nächsten, wohl härtesten Ozarks-Etappe einen freien Tag zum Aufladen meiner körpereigenen Akkus gönnen wollte. Das Motel wünschte Barzahlung, aber der Lebensmittelladen akzeptierte Kreditkarten, sodass meine Barreserve bis Montag reichen müsste. Die Heizung lief mit voller Kraft, darüber hingen meine nassen Klamotten zum Trocknen, und ich konnte sogar ein kleines Sitzbad (statt Dusche) nehmen. Für Dinge, die oft selbstverständlich scheinen, empfand ich hier eine große Dankbarkeit: Heizung und Badewanne. Interessiert beobachtete ich, wie die Farbe meiner Füße von fast weiß wieder in ein lebendiges Rot überging. Auch das Zelt breitete ich im Zimmer zum Trocknen aus. Man hatte 16 Liter Regen pro Quadratmeter für Summersville angesagt, aber tatsächlich dürfte noch mehr gefallen sein – selbst *ABC News* berichtete von erheblichen Niederschlagsmengen im Süden Missouris. Die Einsamkeit der Strecke und das „Hundewetter" waren vermutlich der Grund, warum ich heute von Hundejagden verschont blieb. Heute war der bisher härteste Tag der Tour, obwohl die Etappe eher kurz war. Ich war froh und dankbar über das gute Ende und lag noch immer gut im Zeitplan.

Samstag, 27. April 2013: Zwischenbilanz (Tagebuch)

23 Tage sind seit Beginn meiner Reise vergangen, an 21 davon bin ich gefahren. Dabei habe ich über 2000 Kilometer zurückgelegt, was bedeutet, dass ich den kalkulierten Durchschnitt von 100 Tageskilo-

metern fast genau getroffen habe. Wenn nicht die Verabredungen in Aiken und Owensboro den jeweiligen Etappen „natürliche Grenzen“ gesetzt hätten, wären es noch mehr geworden. Ich bin beeindruckt und gerührt von dem großen Maß an Anteilnahme, Unterstützung und Aufmunterung, das ich durch E-Mails aus Deutschland erfahre. Die guten Gedanken und Wünsche tragen ganz sicher dazu bei, dass es bisher so gut gelaufen ist. Ich fühle mich behütet von den guten Mächten des Universums und danke regelmäßig dafür. Zeit für eine Zwischenbilanz.

Fahrrad:
Mein *Bergamont Horizon N8* hat sich bisher als das robuste und stabile Fahrzeug erwiesen, auf das ich gehofft hatte. Es erregt bei Amerikanern, vor allem bei anderen Radlern, ziemliches Aufsehen, denn Nabenschaltung und Nabendynamo sind hier nicht üblich bzw. gänzlich unbekannt. Der *Chainglider* schützt die Kette vor Wasser und Schmutz, und so bleiben mir häufige Reinigungsarbeiten erspart. Dass offenbar das Beleuchtungskabel gebrochen ist, ist zwar ärgerlich, aber angesichts der Jahreszeit mit vielen Tageslichtstunden unbedeutend. Der Hinterreifen wurde bereits nach gut 1800 Kilometern getauscht, was aber sicher der hohen Gewichtsbelastung zuzuschreiben ist. In der Mitte war das Profil noch ausreichend, aber rechts und links davon lugten die ersten grünen Flecken hindurch. Der Vorderreifen trägt erheblich weniger Gewicht und hat genug Profil für noch einmal die gleiche Strecke. Ich hoffe, nun mit beiden Reifen mindestens bis Pueblo, CO zu kommen. Eine Reifenpanne gleich am ersten Tag war die bisher einzige!

Mentale und körperliche Verfassung und Ernährung:
Mental fühle ich mich voll auf der Höhe. Ich lenke meine Aufmerksamkeit dorthin, wo sie erforderlich ist – das ist häufig die Straße direkt vor mir (um z. B. Scherben oder Nägel rechtzeitig zu sehen), und das sind häufig die Grundstücke (wegen der Hunde). Bevor ich die Reise antrat, nahm ich an, dass ich nach wenigen Tagen englisch denke. Dies ist nur eingeschränkt der Fall und wird sogar wieder

weniger. Es gab Tage, an denen ich schätzungsweise zur Hälfte englisch dachte, doch aktuell ist es vielleicht höchstens ein Drittel. – Vor meinen Beinen müsste ich den Hut ziehen! Muskelkater hatte ich nie! An bisher nur zwei Abenden fühlten sich die Beine schwer und müde an, aber am nächsten Morgen waren sie nach einer gewissen Eingewöhnungszeit wieder zu den gleichen Leistungen fähig. Das „Sitzfleisch" ist am Limit, aber noch hatte ich keinen „Wolf" – ein breiterer und weicherer Sattel ist kein Tabu... Das fast 28-stündige Frieren zwischen Bowling Green und Owensboro in Kentucky, einschließlich einer Zeltnacht bei null Grad, hatte jedenfalls keine Nachwirkungen. Kopfschmerzen hatte ich noch nie. Seit einem halben Jahr spürte ich in wechselnder Intensität immer mal muskuläre Probleme im rechten Unterarm – keine Spur mehr davon! Gegen die unerwartet intensive Sonneneinstrahlung, vor allem zwischen dem 6. und dem 16. April, schützte mich eine Sonnenmilch für Babys! Etwas verbrannt waren nur das linke Ohr und die Nase, wo ich zu wenig oder gar keine Creme aufgetragen hatte. Ich fühle mich leichter, weiß aber nicht, ob ich abgenommen habe, da ich in Amerika noch keiner Waage begegnet bin. Viel wird es aber wohl nicht sein, da ich auch viel esse und trinke, um die Energiereserven wieder aufzufüllen. Dabei mache ich auch vor Pizza, Burgern und Kuchen nicht Halt, achte aber immer auch auf genügend Vitamine in Form von Salat und Obst. Morgens esse ich meistens Müsli mit Milch, unterwegs bei kurzen Pausen haben sich Bananen als perfekte Energiespender erwiesen. – Ich vermisse meine deutsche Müsli-Marke und natürlich das deutsche Brot, und mein Stuhlgang ist ziemlich wechselhaft. Bei der Gelegenheit breche ich eine Lanze für die hiesigen Toiletten! Deren Brillen haben meistens vorne einen Schlitz. Der ermöglicht es, nach Benutzen der Bürste diese wieder an ihren Platz zurückzuführen ohne das Risiko, die Brille zu benetzen.

Verkehr:

Sehr interessant ist die Meinung der Amerikaner zu den „Gefahren" auf bestimmten Straßen. Die sollten mal in Deutschland Rad fahren! Ich fühle mich auch auf viel befahrenen Straßen selten in Gefahr.

Das Maß an Rücksichtnahme der Autofahrer (einschließlich der Trucker) beeindruckt mich. In Abschnitten mit durchgezogener Linie winke ich oft die hinter mir dahinschleichenden Autos vorbei, weil sie sich an die Vorschrift halten und nicht überholen! Bisher wurde ich nie beschimpft, dass ich Platz machen oder gar auf dem Bürgersteig fahren soll. Bis Illinois waren die Straßen fast ausnahmslos in hervorragendem Zustand, mit ein paar Abstrichen in größeren Orten. In Missouri sind sie etwas schlechter, aber immer noch unproblematisch. Was mir häufig fehlt, sind Schilder mit Kilometerangaben zu den nächsten Orten. Entfernungen spielen hier keine große Rolle. Außerdem gibt es unterwegs weder Rastplätze noch Bus-Wartehäuschen oder einfache Bänke, auf denen man sich einen Moment ausruhen könnte. Wozu auch?! Die Grundstücke und Veranden sind so groß, dass die Einheimischen immer einen Platz zum Verweilen haben. Außerdem liegen sie oft weit vom Nachbargrundstück entfernt. Wer das Grundstück verlässt, fährt sowieso mit dem Auto bis ans Ziel. Sehr sinnvoll ist dagegen, dass auf Wegweisern selten der Name irgendeines nächsten Dorfes steht, das ich ohnehin nicht kennen würde, sondern neben der Straßennummer in der Regel die Himmelsrichtung, in die die Straße führt. Das hilft ungemein. Außerdem verlaufen Highways mit geraden Nummern immer hauptsächlich in Ost-West-Richtung, ungerade Nummern deuten dagegen auf Nord-Süd-Verlauf hin. Auch die in manchen Orten übliche Straßenbenennung (1st, 2nd, 3rd… Street usw.) mag zwar wenig kreativ erscheinen, lässt einen Fremden aber gut das Ziel finden.

Lebenshaltungskosten:
Essen und Trinken ist deutlich günstiger als in Deutschland. Für 10 bis 15 Dollar (einschließlich Trinkgeld) kann man in einfachen Restaurants schon richtig satt werden. Auch Fastfood in Restaurants oder an Tankstellen ist günstig, vor allem die Getränke. Einen knappen halben Liter (16 oz.) bekommt man häufig schon für etwas mehr als einen Dollar, auch Kaffee ist nur unwesentlich teurer. Die Preise für Bananen, Äpfel, Kiwis und Weintrauben entsprechen denen in der Heimat. Dagegen muss man für Milchprodukte mehr zahlen, aber

angesichts der völlig ungerechten Dumping-Preise für Milch in Deutschland ist das kein Wunder. Teurer sind auch Körperpflegemittel. Erheblich teurer sind Fahrradartikel. Für den neuen Reifen habe ich 54 Dollar (etwa 42 Euro) bezahlt; das exakt gleiche Fabrikat kostet zuhause 26 Euro. Bei den Motels schwanken die Preise auch innerhalb einer Kette enorm (z. B. *Days Inn* in Kodak 46 Dollar, in Glasgow 65 Dollar, und es geht noch weit höher). Aber selbst 80-90 Dollar wären vermutlich noch günstiger als etwas Vergleichbares in Europa. – Das größte Problem ist, Reiseschecks zu Bargeld zu machen. Auf diese Reisezahlungsmittel habe ich mich verlassen, sowohl weil sie von deutschen Banken und im Internet empfohlen wurden, als auch, weil ich selbst vor 20 Jahren ausschließlich positive Erfahrungen damit gemacht hatte. Ich habe keine PIN zu meiner Kreditkarte und muss nun hoffen, so viel wie möglich mit der Karte zahlen zu können, um so selten wie möglich neue Reiseschecks zu Bargeld machen zu müssen.

Menschen:

Ich wurde bisher nie unfreundlich behandelt. Wenn ich ein Anliegen hatte, versuchten die Menschen normalerweise immer nach Kräften zu helfen. Das Vorhaben, die USA per Rad zu durchqueren, stieß in den ersten zwei Wochen oft auf ungläubiges Staunen. Seit ich die *Transamerica*-Route befahre, wo man häufiger Fernradler zu Gesicht bekommt, hat dies etwas nachgelassen.

Nochmal?

Würde mich jemand fragen, ob ich – wenn ich die Gelegenheit hätte – diese Reise noch einmal machen würde, wäre die Antwort ein klares Nein. Obwohl ich mich hier grundsätzlich wohl fühle und am Ende der meisten Tage zufrieden, bisweilen glücklich zurückschauen konnte, verursachen mir die vielen frei laufenden Hunde eine ständige Angst. So etwas kenne ich aus Deutschland und den Niederlanden nicht. Straßen, auf denen ich von Hunden verfolgt wurde, würde ich freiwillig kein zweites Mal befahren. Ich gehe jede Etappe mit Neugier und gemäß dem Motto „Ignorance is bliss“ an (zu Deutsch etwa „Was ich nicht weiß, macht mich nicht heiß“). Aber schlechte Erfahrungen möchte ich nicht wiederholen.

Sonntag, 28. April 2013 / 22. Etappe: Summersville, MO – Hartsville, MO (100 km)

Nach einer weiteren grundlos unruhigen Nacht hatte ich es morgens nicht eilig, denn der Himmel sah noch immer nicht einladend aus. Der Wetterbericht sagte bis 13 Uhr Bewölkung voraus, danach sollte die Sonne herauskommen. Ich benutzte für die Wetterprognosen den Internetdienst *www.accuweather.com*, der ziemlich präzise und stundengenau vorhersagte. – Ich startete kurz vor zehn Uhr bei etwa 12 Grad und mäßigem Gegenwind. Die Landschaft war offener, aber unerwarteterweise deutlich flacher als gestern. Ich befand mich auf dem Ozark Plateau, das zwar auch viele Hügel hat, aber bei weitem nicht so steile wie auf der vorigen Etappe. Ich hatte diesen Abschnitt viel härter eingeschätzt. Es gab weniger Wald, dafür mehr Wiesen. Entlang des Highways 17 tauchten immer wieder bewohnte Grundstücke auf, aber kaum richtige Dörfer. Nach etwa 15 Kilometern sprintete von hinten ein anderer Radler heran: Andreas aus North Carolina erriet sogar meinen Namen– er hatte meinen Gästebucheintrag bei *Al's Place* gesehen. Ihm folgte kurz danach Eric. Beide wollten die gleiche Route wie ich fahren, hatten aber 17 Tage weniger Zeit, was ich ihrem Tempo auch anmerkte… Nach ein paar Kilometern verabschiedeten wir uns, weil ich deutlich langsamer war, trafen uns aber später wieder. Ich war froh über die problemlosen ersten 37 Kilometer bis Houston, wo ich nach zwei Stunden eine Pause machte. Auch nach Houston änderte sich nicht viel. Mir kam Ronnie aus Colorado Springs entgegen, der von dort aus die *Transamerica*-Route nach Osten fuhr und offenbar glaubte, er habe die übelsten Steigungen bereits hinter sich… Ich sah mehrere frei lebende Schildkröten. Gegen halb zwei kam tatsächlich die Sonne heraus. Ich entledigte mich zunächst meiner langen Hose, und die letzte Dreiviertelstunde konnte ich im T-Shirt fahren. Die Sonne verwandelte die Landschaft wieder in eine Traumkulisse, zum Beispiel am Whetstone Creek. Auf den letzten 22 Kilometern gab es doch noch drei beachtliche Steigungen, aber kein Vergleich zu vorgestern. Außerdem hatte mir der Ruhetag gut getan. So erreichte ich Hartville nach genau 100 Kilometern, ohne mich sonderlich verausgabt zu haben. An der Stadtgrenze endete gerade ein Fest zum Gedenken an eine Schlacht im Rahmen des amerikanischen Bürgerkriegs, die hier vor genau 150 Jahren stattgefunden hatte. Ich fand Hartville klasse! Man durfte kostenlos vor dem Gerichtsgebäude zelten – in einem winzigen Park, der aber immerhin mit Tischen und Bänken ausgestattet war. Supermarkt und *Subway* lagen in unmittelbarer Nähe. Andreas und Eric zelteten auch hier. Die beiden waren übrigens getrennt voneinander aufgebrochen und kannten sich nicht, als sie sich im Osten Kentuckys trafen und beschlossen, gemeinsam weiterzufahren. Andreas reichte mir sein Telefon, damit ich mit etwas deutschem Smalltalk seiner schwäbischen Mutter eine kleine Freude machen konnte.

Montag, 29. April 2013 / 23. Etappe: Hartsville, MO – Ash Grove, MO (123 km)

Der Nachteil an diesem Zeltplatz vor dem Gericht war seine Lage mitten im Ort, ohne Schutz vor dem Verkehrslärm. Mehrfach wurde ich von Trucks geweckt. Die Nacht war mit 10 Grad relativ mild; dennoch hatten sich unzählige Tautropfen auf dem Außenzelt gebildet. Ich ließ es zwar während des Frühstücks noch eine Weile in der Sonne stehen, aber irgendwann siegte doch der Drang, die Morgenstunden zum Fahren zu nutzen. Ich nahm mein Frühstück bei *Subway* ein und füllte dort die Wasserflaschen randvoll. Um halb neun war es so warm, dass ich gleich in T-Shirt und kurzer Hose starten konnte, unmittelbar vor meinen Zeltnachbarn. Andreas, der sich selbst „Dre" nannte, ein begeisterter Radsportler in Topform, überholte mich nach einem Kilometer. Eric hatte mich nach drei Kilometern eingeholt und leistete mir für 20 Minuten Gesellschaft, bevor ich ihm doch zu langsam war. – Die ersten 43 Kilometer bis zur Stadt Marshfield waren ähnlich wie gestern: immer noch Highway 38, angenehm zu fahren, schwacher Seitenwind, harmlose Wellen im Gelände. Ich durchfuhr hier den mit etwa 500 Metern über dem Meeresspiegel höchstgelegenen Abschnitt des Ozark-Plateaus. Greg aus Springfield, MO kam mir entgegen. Er befand sich auf einer dreitägigen 180-Meilen-Rundfahrt. Als ich in Marshfield zu meiner Pause einbog, hatten Dre und Eric ihre Rast gerade beendet und brachen wieder auf. Es war das letzte Mal, dass ich sie zu Gesicht bekam. Ich freute mich über die Zusage für eine private Übernachtungsgelegenheit für morgen. Auf halber Strecke zwischen Marshfield und Fair Grove folgte ich der Abzweigung auf Highway E ab, und mit der Rückkehr der Buchstaben wurden die Wellen im Gelände spürbar anstrengender. Es gab wieder diverse Steigungen, die ich im kleinsten Gang bewältigen musste, aber sie waren in der Regel höchstens 300 Meter lang. Für die Mühen entschädigte eine erneut fantastische, aus einem wolkenlosen Himmel angestrahlte Landschaft. Nach 73 Kilometern erreichte ich Fair Grove. Es war mächtig warm geworden, und ich gönnte mir den ersten Eisbecher dieses Jahres (die Aussprache von diesem *Häagen-Dasz* blieb mir ein Rätsel...). Die Straße hieß nun CC, etwas später dann BB. Wo sich BB und Z kreuzten, stand eine Tankstelle im Nichts, Gelegenheit für eine letzte Rast nach 100 Tageskilometern. Die Steigungen wurden immer länger und schwieriger, und die 28°C heiße Luft tat ein Übriges. Ein einziges Mal musste ich schieben, als es nach dem Asher Creek wieder bergauf ging. Eric, Dre und ich hatten am Morgen offen gelassen, ob wir bis Ash Grove oder bis Everton (12 Kilometer weiter) fahren würden. Als ich kurz vor 17 Uhr in Ash Grove ankam, war ich von der Hitze und den letzten Steigungen erschöpft. Außerdem machte der Ort einen ansprechenden Eindruck. Auf der ACA-Karte stand, dass man sich zum Zelten im städtischen Park bei der Polizei melden sollte. Als ich dort kurz vor Dienstschluss ankam, bot mir die Dienst habende Melissa sogar an, in einer festen Unterkunft im Stadtpark auf dem Fußboden zu nächtigen. Natürlich nahm ich gern an! Hier gab es Toiletten und Waschgelegenheiten, einen Kühlschrank und einen Mikrowellenherd. Außer mir war niemand hier. Mein Zelt ließ ich von der Abendsonne draußen trocknen. Außerdem versorgte mich Melissa mit reichlich Informationen über die lokalen Restaurants, und sie schenkte mir eine Straßenkarte von Missouri (die würde mir morgen gute Dienste leisten, weil ich die *Transamerica*-Route würde verlassen müssen, um zu meinen Gastgebern in Carl Junction zu fahren). Es beeindruckte mich sehr, wie Behörden und einfache Menschen mancherorts Fernradler unterstützten. Ich nutzte die Vorteile meines Quartiers und machte mir nach dem Einkauf eine Lasagne heiß. Außerdem begoss ich diese anstrengende, aber schöne Etappe mit Rotwein aus dem Tetra-Pack, getrunken aus einem Papp-Becher – der Genuss hielt sich in Grenzen… Es war nicht selbstverständlich, Wein im Supermarkt kaufen zu können. In den meisten *Countys*, durch die ich bisher kam, durfte Alkohol nur in Läden mit spezieller Lizenz verkauft werden. – Dre und Eric waren bis Everton gefahren und wurden dort ebenfalls gut empfangen: Sie zelteten auf einem Grillplatz. Ich fragte mich, wie weit Marc wohl inzwischen gekommen war. Der früheste diesjährige *Transamerica*-Radler in westlicher Richtung auf dieser Route war angeblich ein Australier, schon Anfang April, dicht gefolgt von einem Neuseeländer, dessen Gästebuch-Einträge ich sowohl in Marion, KY als auch in Chester, IL und Farmington, MO in den Radlerherbergen gesehen hatte. Übrigens gab es auch heute wieder zwei „*Dog Events*".

Dienstag, 30. April 2013 / 24. Etappe: Ash Grove, MO – Carl Junction, MO (111 km)

Ich schlief erneut schlecht und wachte ständig auf. Ash Grove lag an einer Bahnlinie. Lokführer der Güterzüge warteten mit dem ohrenbetäubenden Hupen immer so lange, bis man gerade eingeschlafen war. Wenn gerade kein Güterzug verfügbar war, sprang ersatzweise das Gebläse der Klima-Anlage an. Ich hatte mir meinen Wecker auf 6 Uhr gestellt; denn wieder war Hitze und starker Südwind angesagt, und ich wollte ein gutes Stück der langen Tagesstrecke noch bei angenehmeren Bedingungen schaffen. Nach dem Frühstück warf ich den Schlüssel in die Box am Polizeigebäude, wo der Dienst erst um 8 Uhr begann, und erledigte dann meine „Post" vor der Bibliothek – denn dort gab es freien WiFi-Zugang. Diese Erfindung ist für Reisende in den USA wirklich ein Glücksfall und rangierte für mich in ihrer Nobelpreiswürdigkeit gleich hinter Zäunen und Hundeleinen… - Um 7.40 Uhr bei 19 Grad trat ich die heutige Etappe an. Die ersten 26 Kilometer waren so, wie man es nach den letzten Tagen erwarten konnte: 13 Kilometer auf Highway 160 bis Everton waren wunderbar zu fahren, die nächsten dreizehn nach Pennsboro, wieder auf einem Buchstaben-Highway (K), ging es noch einmal ziemlich zur Sache mit Steigungen. In Pennsboro angekommen verließ ich die *Transamerica*-Route für wenige Tage und bog südlich auf Highway 39 ab. Ich sandte erst einmal ein Dankgebet gen Himmel, obwohl mir jetzt ein 16 Kilometer langer Kampf, der mich 67 Minuten kosten sollte, gegen starken Wind bevorstand: Seit vorgestern geisterte die Vorstellung von einem *„Large, black Rottweiler"* in meinem Kopf herum, vor dem mich Ronnie gewarnt hatte. Allerdings kannte ich Ronnies Reisetempo nicht und wusste nicht, was ich unter „etwa zwei Tage entfernt" verstehen sollte. Fakt war, dass das genannte Tier in Ronnies Packtaschen gebissen hatte, sehr aggressiv war und erst durch Ronnies Spray zum Rückzug gezwungen werden konnte. Mir war die Begegnung nun erspart geblieben. Ganz sicher war ich diesbezüglich jedoch nicht: Direkt hinter Everton beim Abbiegen auf Highway K liefen ein großer und ein kleiner Hund, beide schwarz, sehr interessiert links am Gebüsch entlang. Ich sah sie nur von hinten, konnte daher die Rasse nicht erkennen. Sie hatten offenbar auf dem Feld hinter den Büschen etwas gewittert. Da der Wind aus dieser Richtung kam, war es möglich, dass sie mich nicht bemerkt hatten. Sollte es wirklich besagter Rottweiler gewesen sein, wäre das eine so wunderbare Fügung des Schicksals, dass ich nicht mehr an Zufall glauben kann… - Einen halben Kilometer, bevor ich den erlösenden Highway 96 erreichte, wurde es dann doch noch einmal brenzlig. Zwei Jagdhunde nahmen ihre Bezeichnung wörtlich. Ich musste Spray einsetzen. Der Trucker hinter mir war auf der Hut und hatte Verständnis für mein Schlingern. Er hätte meinetwegen auch gern die Viecher überfahren dürfen. Ich wusste zu diesem Zeitpunkt noch nicht, dass ich danach für den Rest meiner Reise vor Hunden Ruhe haben würde! Um das Thema abzuschließen, noch kurz folgende Beobachtung: Es gab drei Kategorien von Hunden. A) Sie bellen immer, sind aber entweder eingesperrt oder an der Leine oder bleiben zumindest auf dem Grundstück. B) Sie rennen auf die Straße, mir hinterher. C) Sie bleiben liegen aus Desinteresse oder merken gar nicht, dass ich vorbeifahre. Das Verhältnis A/B/C hatte sich in den letzten drei Tagen immerhin von 84/15/1% (in Kentucky) auf 70/5/25% gebessert. – Die Ozarks lagen nun endgültig hinter mir. Das leicht wellige Profil von Highway 96 war kaum anspruchsvoller als die Straßen im Norden von South Carolina. Ich hatte den Beginn der Gegend erreicht, in der die meisten Straßen genau rechtwinklig angelegt waren. Der Seitenstreifen maß etwa 80 Zentimeter, genug Platz für einen Radfahrer, und die Straße führte kurvenlos exakt nach Westen. Somit hatte ich den starken Wind nun genau von links. Die deutlich belebtere Straße verband die größeren Städte Springfield und Joplin. Tiere lebten hier sehr gefährlich. Es verging kaum ein Kilometer ohne Kadaver oder zumindest Blutspuren von überfahrenen Waschbären, Schildkröten, Vögeln, Katzen, Eichhörnchen oder kleinen Schlangen. Vor Avilla waren an einem Abschnitt viele Tafeln mit ziemlich unzeitgemäßen Bibelzitaten aufgestellt, und zwar immer in etwa 100 Meter Abstand, wobei die einzelnen Textstellen einen Zusammenhang ergeben. Ein Autofahrer, der das las, opferte zwangsläufig einige Aufmerksamkeit, die hier eher dem Verkehr gelten sollte. Ich kam gut voran, und wenn mich größere Fahrzeuge überholten, genoss ich für wenige Sekunden den Windschatten. Allerdings musste man bei Contrainer-Trucks schon aufpassen, dass man nicht plötzlich auf die Hauptfahrbahn gesogen wurde. Während ich wegen des Windes beim Fahren auf freier Strecke gar nicht richtig in Schweiß kam, spürte ich die Hitze sehr deutlich, als ich Carthage, die erste richtige Stadt erreichte. Sie wirkte ziemlich schäbig, hatte aber ein beeindruckendes Gerichtsgebäude zu bieten. Ohne dass ich es geplant hatte, verrieten mir Schilder, dass ich mich auf einem Teil der historischen *Route 66* befand, der ersten durchgehenden Fernverbindung von

Chicago zum Pazifik. Diese Straße wurde in diversen *Road Movies* thematisiert. Auf ihr strömten Ende der 1920er-Jahre zur Zeit der großen Trockenheit (*Dust Bowl*) unzählige verarmte Landarbeiter Richtung Kalifornien. Ich hatte nun für die letzten 25 Kilometer reichlich Zeit, weil Connie, meine heutige Gastgeberin, erst um halb sechs von der Arbeit heimkam. Ich verließ Carthage über die vierspurige Schnellstraße 171 bis Carterville und setzte mich in Webb City an einer schattigen Stelle auf den Bürgersteig, um bereits mit dem Tagebuch zu beginnen. Inzwischen war die Temperatur auf 32 Grad geklettert. Ich streifte die Stadt Joplin, die im Jahr 2011 zu traurigem Ruhm kam, weil einer der übelsten Tornados aller Zeiten hier über 180 Tote gefordert hatte. Connie wohnte mit ihren zwei Töchtern in einem geräumigen, ziemlich luxuriösen Haus mit Swimmingpool in einem hübschen Wohngebiet im Westen von Carl Junction, nur wenige Kilometer von der Grenze zu Kansas entfernt. Nach der wohltuenden Dusche war das leckere Abendessen schon fast fertig. Ich ließ mir gebratene Champignons und grüne Bohnen, frischen Salat und selbstgemachte Hamburger schmecken. Neben der 14-jährigen Tochter Shelby war noch deren Freundin anwesend. Auch bei meinem fünften Versuch über das Gastgeber-Netzwerk hatte ich Glück gehabt und eine sympathische, hilfsbereite und großzügige Gastgeberin getroffen. Da im Haus kein WiFi-Zugang existierte, rief Connie kurzerhand eine Freundin an, die uns anbot, kurz vorbeizukommen, um an die gewünschten Informationen im Internet zu kommen. Für mich war dies eine große Hilfe, denn das vor mir liegende Gebiet war dünn besiedelt, und ich musste für morgen eine feste Unterkunft finden, da die Wetterprognose für übermorgen einen Pausentag nahelegte. Ich reservierte ein Motelzimmer in Chanute für zwei Nächte. Also lag am nächsten Tag eine weite Etappe vor mir, doch wahrscheinlich würde mir ein günstiger Wind diese etwas erleichtern.

Mittwoch, 1. Mai 2013 / 25. Etappe: Carl Junction, MO – Chanute, KS (135 km)

Um 7:35 Uhr saß ich auf dem Rad, und es waren schon wieder 19°C. Der Wind hatte auf OSO gedreht, was mir heute angesichts von 84 zu bewältigenden Meilen äußerst nützlich war. Für den größten Teil der Strecke hatte ich keine Landkarte. Das war in dieser Gegend aber kein Problem, da man sich bei den rechtwinklig angelegten Straßen nur die Nummern der Highways merken musste, auf die man abbog. Nachdem Carl Junction hinter mir lag, erreichte ich Kansas über Highway 171 nach knapp einer Stunde. Vor diesem Bundesstaat hatte ich schon vor meiner Reise den größten Respekt. Die Landschaft würde vermutlich immer eintöniger werden, die Distanzen zwischen den Orten groß, das flache Land anfällig für extreme Wetterbedingungen aus allen Richtungen, und die Jahreszeit wäre nicht ungewöhnlich für Tornados. Ein genaues Studium der Wetterberichte war also unerlässlich. Zunächst bereitete mir Kansas einen angenehmen Empfang. Der Wind trieb mich vorwärts, der rege Verkehr auf dem Highway, der nun 400 hieß, half zusätzlich durch Windschatten. Der Seitenstreifen war so breit wie eine eigene Fahrbahn, sodass ich mich nie in Gefahr fühlte. Die ersten 43 Kilometer zum Nest Cherokee schaffte ich in 105 Minuten. Eine längere Pause machte ich in Parsons. Ich hatte für 81 Kilometer nur 3:24 Stunden reine Fahrtzeit benötigt. Die Landschaft war wirklich nicht aufregend, aber da ich schnell vorankam, entstand keine Langeweile. In Parsons bog ich nun nach Norden auf die 59 ab und hatte den Wind fast genau im Rücken. Nach 104 Kilometern stand auf meinem Tacho noch ein Schnitt von 24 km/h! Nun ging es auf Highway 47 nach Westen, und der Seitenwind bremste mich etwas. Nach weiteren 17 Kilometern bog ich wieder 90° ab, zurück Richtung Norden, quasi auf die Zielgerade nach Chanute. Die Temperaturen lagen bereits wieder um 30°C, und der Ozonwert muss ziemlich hoch gewesen sein, denn ich hatte ständig Durst. Das *Guest House Motel* öffnete um 15 Uhr. Ich hätte nie gedacht, dass ich schon eine Viertelstunde später dort ankommen würde. Ich hätte heute einen Etappenrekord aufstellen können, aber nach Chanute lagen zunächst einmal keine Städte mit festen Unterkünften mehr. Und die brauchte ich jetzt. Nach dem Einchecken fuhr ich ohne Gepäck in die etwa drei Kilometer entfernte Innenstadt. Doch da fand ich absolut nichts Sehenswertes. Die Stadt sah aus wie unzählige andere Kleinstädte auch. Sie strahlte eine Stimmung der Vergänglichkeit aus und erinnerte teilweise an Kleinstädte in Ostdeutschland. Viele Gebäude verkamen langsam, denn viel Geld wurde nur im großzügig angelegten Gewerbegebiet im Süden an der Santa Fe Avenue verdient. Erstmals betrat ich einen *Walmart Superstore*. Unglaublich, die hatten fast alles! Ich überlegte, was ich noch besorgen sollte, ohne mein Gepäck unnötig zu früh zu belasten. Das Motel war in Ordnung; das Zimmer war mit Kühlschrank und Mikrowelle ausgestattet. Im Fernsehen lief mal wieder ein *Playoff*-Spiel im NBA-Basketball. Die Kaltfront traf gegen 19 Uhr ein, und es gab einen kräftigen Schauer, aber kein Gewitter.

Samstag, 4. Mai 2013 / 26. Etappe: Chanute, KS – Eureka, KS (96 km)

Eigentlich wollte ich nur einen Pausentag in Chanute einlegen. Am verregneten Donnerstag war die Temperatur um 25 Grad gefallen! Als die Prognose für Freitag Temperaturen von maximal 5°C bei kräftigem Nordwestwind nannte, traute ich mich nicht, bei diesen Bedingungen auf eine 96-km-Etappe zu gehen. Ohnehin plagte mich seit ein paar Tagen ein leichter Husten, und da mochte ich nichts riskieren. Ich hatte Glück und konnte das Zimmer einen weiteren Tag bewohnen. Draußen gingen Regen- und Schneeschauer nieder.

Der Samstag war zum Vergessen; es war einer dieser Tage, die unvermeidbar sind, um weiterzukommen, an die man sich aber nicht erinnern muss. Ich hatte schon sehr schlecht geschlafen und wusste gar nicht, warum. Um 1:20 Uhr war ich jedenfalls noch nicht eingeschlafen. Außerdem war die Luft im Zimmer sehr trocken, und ich musste ständig pinkeln, obwohl ich wenig getrunken hatte. Als es

Zeit zum Aufstehen war, regnete es in Strömen, obwohl der Wetterbericht lediglich einen Schauer am Morgen und dann erst wieder gegen 13 Uhr erwähnte. Ich beschloss, gegen 10 Uhr aufzubrechen, neu ausgestattet mit einem Paar Ersatzschuhe und einem zweiten wasserdichten Sack. Nach zwei faulen Tagen fühlten sich die Beine schwer an, und es kam mir vor, als hätte ich einen Monat lang nicht auf dem Rad gesessen! Der Regen nahm wieder zu. Es waren keine großen Tropfen, sondern eher eine unsichtbare Wand aus Nieselregen, der sofort alles durchdringt. Ich wartete vor dem Motel-Büro, wartete nochmals in *Downtown* Chanute. Es war schließlich 10.40 Uhr, als es etwas heller zu werden schien und ich endlich losfuhr. Der Wind blies aus Norden, die Temperatur betrug 6°C. Das Nieseln hörte immer mal auf und begann erneut. Die ersten 24 Kilometer waren ein stupides Vorwärtstreten auf Highway 39 westwärts, mit Seitenwind. Mein Sichtfeld beschränkte sich meistens auf etwa fünf Meter vor mir. Verpasst habe ich nicht viel, denn die Sicht betrug ohnehin nur etwa eine Meile, und die endlosen Felder der Magdeburger Börde wären gegen das hier noch interessant gewesen… Gegenüber der Summersville-Etappe hatte ich mich aber wesentlich besser gegen Kälte und Nässe geschützt. Ich trug Wintersocken über den normalen Socken, eine lange Unterhose, meinen wärmsten Pullover. Diesmal benutzte ich die Kapuze meiner Regenjacke, und zwar über dem Helm. So konnte mir kein Wasser in den Nacken laufen. Dank der Regenpausen und des Windes trocknete alles zwischendurch immer mal. Die zweiten 25 km, nun Richtung Norden auf Highway 75 und landschaftlich abwechslungsreicher, waren eine einzige Quälerei. Bei Gegenwind ging es eine lange Steigung hinauf. Das östliche Drittel von Kansas ist eben doch nicht flach, sondern von den Flint Hills durchzogen. Immer noch musste ich stündlich eine Pinkelpause einlegen. Zwischen Start und Ziel der heutigen Etappe lag nur ein richtiger Ort, Yates Center, genau in der Mitte. Obwohl hier nur gut 1400 Leute lebten, war es Bezirkssitz. Das sagt einiges über die „Größe" der anderen Orte. Hier kaufte ich mir eine heiße Schokolade und eine mittelgroße Pizza bei *Casey's General Store*. Die Verkäuferin, Shirley, konnte offenbar Gedanken lesen und hielt gleich dagegen: „Das ist erst das dritte Mal seit Beginn der Wetteraufzeichnungen, dass wir Schnee im Mai hatten. Normalerweise ist es hier richtig schön. Wir lieben das amerikanische Landleben!“ Ich schaffte nur zwei Drittel der Pizza, klemmte mir aber den Karton mit dem Rest an mein Gepäck. Die *Transamerica* hatte mich wieder. Die zweite Etappenhälfte war wie das erste Viertel. Ich fuhr wieder westwärts, nun auf Highway 54. Irgendwie schaffte ich es, beim Treten durch weites Farmland und Wiesen meinen mentalen Motor am Laufen zu halten. Obwohl die zweite Hälfte einen Kilometer länger war als die erste, war ich eine halbe Stunde schneller. Gegen 17:20 Uhr erreichte ich das Motel *Blue Stern Lodge* in Eureka. Erst als ich im Zimmer war, brachen die Emotionen heraus. Ich war einfach nur froh, diese bescheuerte Treterei geschafft zu haben, hatte aber dennoch das Gefühl, heute nicht genug geleistet zu haben. Es war auch eigentlich nicht viel passiert. Ohne groß nachzudenken, wählte ich als Hintergrundmusik „Teenage Sweethearts“ von Ulysses. Nun wurde ich erst richtig melancholisch! Ich erinnerte mich an eine Radtour im Jahr 1994 vom Spreewald nach Rügen, die ich in Potsdam unterbrach, um für einen Konzert dieser Band nach Hannover zu fahren. – Das Motelzimmer hatte eine Kaffeemaschine. Ich freute mich, mir endlich mal wieder Tee kochen zu können.

Sonntag, 5. Mai 2013 / 27. Etappe: Eureka, KS – Wichita, KS (116 km)

Zum Frühstück gab es den kalten Rest der Pizza von gestern. Da es draußen nicht einladend aussah, zögerte ich den Aufbruch bis 9:40 Uhr hinaus. Es war bewölkt und 8 Grad kühl. Der Wind blies nicht mehr aus Norden („12 Uhr“), sondern aus ungefähr „11 Uhr“, und dieser um 30 Grad westlichere Winkel machte einen großen Unterschied, wenn man in einer offenen Gegend nach Westen radelte. Ich befand mich während der ersten 32 km noch auf der *Transamerica*-Route. Auf der Karte war dort ein Kaff namens Rosalia mit Tankstelle eingezeichnet. Bis dort kämpfte ich mich zwei Stunden durch nichts als Prärie! Ehrlich, wenn mir auf diesem Abschnitt jemand angeboten hätte, mich und mein Rad mitzunehmen, hätte ich keinen Moment gezögert. Doch das war schon deshalb unwahrscheinlich, weil hier überraschenderweise kaum *Pickups* fuhren. Insgeheim hatte ich – gerade für Kansas – immer darauf gebaut, notfalls von einem *Pickup* mitgenommen werden zu können. Die Tankstelle gab es nicht, jedenfalls nicht am Highway. Also kein heißer Kakao, sondern kaltes Wasser, Banane und Müsliriegel! Während ich zehn Minuten lang am Straßenrand stand und aß, beschloss der Wind, sich nun nach der Vorhersage zu richten: Er ließ nach und wehte jetzt wirklich von der Seite! Die Feststellung, auf ebener Strecke mit normalem Krafteinsatz mal wieder 20 km/h zu erreichen, löste schon große Dankbarkeit aus. Die verbliebenen zwanzig Kilometer bis El Dorado waren recht erträglich. Als ich am Stadtausgang nach einer längeren Pause weiterfuhr, war es 14 Grad warm geworden, und ich konnte Stirnband und Windjacke ablegen. Der Highway hieß nun 254 und war vierspurig mit riesigem Grünstreifen zwischen den Fahrtrichtungen. Der Seitenstreifen war breit, der Wind blieb unverändert, und vor allem passierte immer mal etwas entlang der Straße. Es war nicht mehr ausschließlich eintönig und leer. Auch in Kansas gab es Hunde. Bisher wurde ich zwar fünfmal angekläfft, aber alle blieben auf ihrem Grundstück. Für viele Rinder, die nah am Highway grasten, schienen Radler ebenfalls fremde Wesen zu sein, aber anders als Hunde liefen sie eilig weg von der Straße. In Kansas lagen deutlich weniger Kadaver auf dem Asphalt. Je näher ich Wichita kam, desto mehr nahm die Besiedlung zu. Ich passierte die Orte Benton und Bel Aire. Irgendwann hatte ich die Peripherie Wichitas erreicht und musste den Highway verlassen, weil er ab hier für Fahrräder verboten war. Während ich das entsprechende Schild las, achtete ich einen Moment nicht auf die Fahrbahn und fuhr prompt über das fiese Gitter eines Gullis. Ich erwartete einen Platten, doch alles blieb heil! Diese Gnade war vielleicht der Lohn für meine Schufterei am Vormittag. Wichita hatte unglaubliche Ausmaße: Es lagen noch 30 Kilometer durch das Stadtgebiet vor mir, vor allem der Westteil zog sich endlos dahin. Wichita ist mit knapp 400.000 Einwohnern die größte Stadt von Kansas. Große Bedeutung hat die Luftfahrt, unter anderem befand sich hier ein Boeing-Werk. Ich hatte seit El Dorado keine richtige Pause mehr gemacht, nur noch eine Tafel Schokolade verspeist und manchmal kurz die Landkarte studiert. Auf den letzten Kilometern spürte ich das Nachlassen der Kraft. Erst gegen halb sechs erreichte ich das Haus von Mark und Leanna, die mich sehr freundlich empfingen. Beide waren 63 Jahre alt und noch berufstätig. Mark war selbstständig als Herausgeber einer Coupon-Zeitschrift. Er führte mich in ein Cajun-Restaurant aus, wo ich Red Snapper mit Reis und Gemüse aß. Das war schon paradox: Kaum ein Ort in den USA war weiter vom Ozean entfernt, und gerade dort bestellte ich Fisch! Leanna warf für mich die Waschmaschine an, sodass ich auch wieder frische Wäsche hatte. Ich war immer wieder beeindruckt von der Hilfsbereitschaft meiner Gastgeber und sehr dankbar dafür. An diesem Abend spürte ich zum ersten Mal richtigen Muskelkater.

Montag, 6. Mai 2013 / 28. Etappe: Wichita, KS – Pratt, KS (116 km)

Nach dem Frühstück kamen Mark und ich ins Plaudern. Er war ganz begeistert von den ACA-Landkarten der *Western Express*-Route, der ich ab Pueblo, CO zu folgen plante, und er sagte, dass er diese Route unbedingt auch einmal fahren wollte. Je länger wir redeten, desto schwerer fiel der Abschied, aber um 8:40 Uhr brach ich bei bewölktem Himmel, hoher Luftfeuchtigkeit und 12°C endlich auf. Nach kurzem Stopp zum Auffrischen des Proviants hatte mich der genau Richtung Westen führende Highway 54 wieder, welcher sich hier die Straße mit Highway 400 teilt. Auf ihm blieb ich heute bis zum Schluss. Der größte Teil war vierspurig mit getrennten Fahrbahnen und breitem Seitenstreifen, also vom Charakter wie eine *Interstate*. Die Gegend war ziemlich flach. Der Wind blies schwach, zunächst von rechts. Später drehte er sogar mal kurz auf Nordost, und die letzten paar Kilometer hatte ich plötzlich Südwind. Ich kam gut voran und stellte fest, wie viel etwas Wärme (sowohl physikalisch als auch menschlich) doch bewirken kann. – Nach 37 km stand ein PKW auf dem Seitenstreifen, die Warnblinker waren eingeschaltet. Ein Mann stand dahinter und wartete offensichtlich auf mich. Ich vermutete, dass er eine Panne hatte und um Hilfe bitten würde. Nein! Der Mann hieß Doug und hielt mich für einen anderen Radler namens Ted, war aber nicht enttäuscht, als ich ihm meine Identität verriet und kurz die Geschichte meiner Reise erzählte. Ich fragte mich, ob Ted vor oder hinter mir unterwegs war. Um den Verkehrsfluss nicht zu beeinträchtigen, hatte man Brücken für die sporadischen Querstraßen gebaut, auf denen diese den Highway kreuzten. Unter jeder dieser Brücken klebten unzählige Schwalbennester. Wenn ich denen zu nah kam, schwirrten Hunderte Schwalben durch die Luft. Ich amüsierte mich bei den Kreuzungen über die Bezeichnungen der Querstraßen: Wichita lag schon eine Stunde hinter mir, als immer noch aufwärts gezählt wurde: *379th St.* Später, in Kingman County, gab es beispielsweise die *180th Avenue* mitten im Nichts. Ich erkannte, dass dies „18 Meilen von der Mitte entfernt“ bedeutete. Pro Meile wurden 10 Nummern addiert oder subtrahiert, wobei es die Nummern dazwischen meistens nicht gab. Auch den Begriff Avenue sollte man nicht zu ernst nehmen. Oft waren das hier Sand- oder Kiespisten. Die erste und einzige richtige Stadt der heutigen Etappe war Kingman, das ich nach 65 km erreichte und für eine längere Pause nutzte. Mein Körper meldete sich aber schon 15 Kilometer früher: „Gib mir Futter!“ So musste vorher eine zusätzliche Pause an einem Brückengeländer stattfinden. Nun war es warm genug, um in der kurzen Radlerhose weiterzufahren. In Kingman legte ich auch den Pullover ab und musste nach fünf Tagen erstmals wieder Sonnenmilch auftragen. Es war nicht wirklich langweilig. Der Verkehr auf dem Highway bot immer mal etwas Abwechslung, und ich war froh, diese Schnellstraße anstatt der wesentlich ruhigeren, aber auch einsameren *Transamerica*-Route gewählt zu haben, die etwa 50 Kilometer nördlich verlief. Hinter Kingman änderte sich kaum etwas. Als ich Pratt County erreichte und die Straße nur noch zweispurig war, ignorierte ich die Schilder „No driving on shoulders“. Ich nahm an, dass dies nicht für Radler galt, denn erstens wäre das aus Sicherheitsgründen unvernünftig und zweitens hatte ich die Vokabel „to drive“ noch nie im Zusammenhang mit Radfahren gehört. Kurz vor der Stadt Pratt sah ich die ersten Windräder auf amerikanischem Boden. Ich hatte mich schon oft gefragt, warum die Windenergie in diesem dünn besiedelten, aber fast immer windigen Land nicht viel mehr genutzt wurde. Als ich gerade 116 Kilometer gefahren war, erreichte ich die links abzweigende 25th Avenue. Es war 16:35 Uhr. Hier erwartete mich bereits Tim mit seinem *Pickup*. Er wollte mir den letzten Kilometer erleichtern, wo die Fahrbahn aus grobem Kies statt Asphalt bestand! Vor seinem Haus wartete schon seine Frau Faye, die mich auf Deutsch begrüßte. Beide hatten deutsche Vorfahren, die vor Generationen eingewandert waren. Kansas ist ohnehin ein Gebiet mit einem recht hohen Anteil Deutschstämmiger. Tim und Faye hatten mich bereits gestern unterwegs getroffen, waren aber nicht sicher, ob ich derjenige war, den sie am nächsten Tag beherbergen würden. Beide waren nicht mehr berufstätig und nutzten ihre Freizeit unter anderem für eigene lange Radtouren. Sie haben sowohl die *Southern-* als auch die *Northern-Tier*-Route der ACA bereits erfolgreich befahren. Heute hatten sie ein Barbecue vorbereitet. Es gab ein riesiges T-Bone-Steak von einem in dieser Gegend gezüchteten Rind, dazu sehr leckeren gemischten Salat. Außer mir war noch ein älteres Paar, Jean und Bob, zu Gast. Jean mochte Deutschland und war neugierig, jemanden von dort zu treffen. Bob brachte einen Ordner mit, in dem seine vor einigen Jahren gestorbene Mutter eine beeindruckende Sammlung deutscher Briefmarken vom frühen 19. Jahrhundert bis Ende des 20. Jahrhunderts hinterlassen hatte. Ähnliche Sammlungen existierten auch von anderen Ländern. Bob habe ich leider schwer verstanden. Zum ersten Mal war ich heute in einem Haus zu Gast, das ganz ruhig an einer Hinterlandstraße lag. Es war sehr schön, hier eine Weile in der Sonne auf der Terrasse zu sitzen. Wieder ließ die Gastfreundschaft keinen Wunsch offen. Auch mit dem heutigen Durchschnitt von 21 km/h war ich sehr zufrieden.

Dienstag, 7. Mai 2013 / 29. Etappe: Pratt, KS – Dodge City, KS (130 km)

Fast noch bei Dämmerung brachte mich Tim wieder zum Anfang der Asphaltstraße. Es hatte geregnet, und der Himmel hing voller Wolken. Ich trug eine Warnweste, die ich kürzlich bei *Dollar General* gekauft hatte, da ja mein Licht nicht funktionierte. Bei 14°C war der Südwind noch mäßig. Ab und zu fielen ein paar Tropfen Nieselregen. Wie ich die 50 Kilometer bis Greensburg geschafft habe, ist mir selbst unerklärlich –irgendwie konnte ich das Gehirn abschalten und kam quasi ohne Pause durch, verputzte nur eine Tafel Schokolade. Inzwischen hatte ich in dieser Hinsicht übrigens die Erdnussbutter-Schokolode von *Reese's* zum Favoriten erkoren. Die Bedingungen waren nicht schlecht, aber es zog sich wie endlos dahin, mit nur einem kleinen Ort rechts der Straße. Da der Wind von links blies, gab es auch wieder Windschatten. Nach 40 Kilometern zog ein längerer Schauer durch, der mich ziemlich nass machte. Als ich in Greensburg ankam, setzte sich nach dem Regen gerade wieder die Sonne durch. Ich aß einen warmen Bagel mit Spiegelei und trank einen Kaffee. Die Kleinstadt Greensburg wurde am 4. Mai 2007 von einem gigantischen Tornado zu über 90% verwüstet. Viele Grundstücke lagen noch brach, und das, was jetzt stand, war größtenteils neu gebaut, wobei der Wiederaufbau unter ökologischen Aspekten stattfand. Auch Windräder waren häufig am Horizont zu sehen! Es war wohl der typisch amerikanische Optimismus, der den Menschen die Kraft gab, immer wieder neu anzufangen. Bei Mullinville zweigte Highway 54 nach Süden ab – ich fuhr nun ausschließlich auf der 400. Am Ortsende standen rechts Hunderte originell gestaltete Figuren entlang eines Zaunes. Der Wind wurde immer stärker, und der Sog durch überholende Trucks erforderte viel Aufmerksamkeit. Viele der Trucks waren Viehtransporter, was nicht nur zu sehen, sondern auch zu riechen war. Nach 94 Kilometern bog die Straße leicht nach rechts, und diese paar Grad machten einen großen Unterschied. Die nächsten acht Kilometer bis Ford flog ich geradezu! Auch der Rest bis Dodge City war kein Problem mehr, da der Wind nun auf SSO gedreht hatte und schräg von hinten kam. Entlang der Straße mehrten sich die Rinderfarmen. Ich erreichte Dodge City nach 127 Kilometern, zunächst durch ein großes Indrustriegebiet, unter anderem mit Schlachtanlagen und Fleischfabriken. Dodge City war seit den 1870er-Jahren das Zentrum der Viehzucht und des Viehhandels in Kansas, mit diversen Handwerkerläden und *Saloons*. Die Stadt musste den Bedürfnissen der Cowboys gerecht werden und diente später als Vorbild für klassische Western. Es gibt wohl auch kaum einen Ortsnamen, der mehr nach Western klingt als „Dodge City". Ich hatte eigentlich vor, mir hier ein Motel zu suchen. Da das Wetter aber besser blieb als angekündigt und ich den für morgen angekündigten Ostsüdost-Wind sehr verlockend fand, fragte ich Traci, ob ich in ihrem Garten zelten durfte. Den Tipp hatte ich gestern von Faye bekommen. Traci willigte ein, und mein Zelt stand schließlich sogar windgeschützt und ohne Heringe auf der Terrasse! Traci hatte selbst schon zwei *Cross-Country*-Touren hinter sich; ihr Mann John war Rennradfahrer. Sie wohnten in einem hübschen Haus neben einem kleinen See am Nordrand der Stadt. Es war mir unangenehm, sie so kurzfristig zu fragen – das war eigentlich nicht meine Art. Umso dankbarer war ich, dass ich kommen durfte. – Mit der heutigen Etappe hatte ich die 3000-Kilometer-Marke geknackt, war einen großen Schritt nach Westen gekommen und hatte vermutlich die Hälfte der Gesamtdistanz hinter mir, neun Tage vor der Hälfte der verfügbaren Zeit. Dieses Wissen gab mir Sicherheit, im Westen langsamer sein zu dürfen und vor Pausentagen nicht zurückschrecken zu müssen.

Mittwoch, 8. Mai 2013 / 30. Etappe: Dodge City, KS – Lakin, KS (129 km)

Kansas ist überwiegend flach und liegt in einer Region, in der kalte Luft aus Norden und heiße aus Süden oft freie Bahn haben, was zu großen Wetterschwankungen führt. Gerade im Frühling, wenn die Kaltluft noch nah ist, erlaubt dies häufige und teilweise heftige Regenfälle, starke Winde und gelegentliche Tornados. Nach dem

Wintereinbruch vor einer Woche hatte der gestrige Südwind massenhaft Warmluft nach Norden gepumpt. Die Kaltluft wollte sich aber nicht so einfach geschlagen geben. Für den Nachmittag wurden heftige Turbulenzen erwartet. Außerdem war ein guter Südostwind angesagt – perfekt für mich. Es wäre dumm gewesen zu zögern oder nur eine kurze Strecke fahren zu wollen. – Mir war gestern schon aufgefallen, dass in dieser Gegend zunehmend Menschen mit indianischen oder mexikanischen Wurzeln zu sehen waren – kein Wunder bei der relativen Nähe zu Colorado und Texas. Der Highway Richtung Westen verlief parallel zum historischen *Santa Fe Trail*, einem der wichtigsten Handelswege zwischen dem Mittleren Westen und Mexico. Zwischen Dodge City und dem nächsten größeren Ort Garden City lag genau ein Ort mit Verpflegungsmöglichkeit, Cimarron. Bevor ich dort ankam, überholte mich Doug, den ich vorgestern schon getroffen hatte, hielt an und begrüßte mich erneut! Er arbeitete als Rechtsanwalt mit Sitz in Wichita und war zu einem Termin in Syracuse unterwegs, was mal locker etwa 360 km Fahrt pro Strecke bedeutete! – In Cimarron stoppte ich nur kurz, legte Jacke ab und Sonnenschutz auf. Ein paar Meilen weiter passierte ich den zunächst unbedeutend scheinenden Ort Ingalls. Dahinter bot sich mir aber ein spektakuläres Bild. Ein riesiger Rindermastbetrieb für bis zu 40.000 Tiere *(Ingalls Feed Yard)* erstreckte sich über mehr als einen Quadratkilometer! Dabei standen die Tiere nicht etwa auf Gras, sondern auf brauner Erde. Futtertröge säumten die Wege. Der Anblick regte zum Nachdenken darüber an, dass das, was wir so bequem täglich verspeisen – egal, ob Getreide, Gemüse oder Fleisch – irgendwo auch produziert werden muss. Ich dankte all den Menschen, die kein so bequemes Leben führten und hart arbeiteten, um für unsere Nahrung zu sorgen. Weiterhin fiel mir auf, dass nicht jeder Winkel der Ackerflächen bestellt wurde. Viele Felder waren als Kreis oder Halbkreis angelegt worden, wegen der riesigen Bewässerungsanlagen, die so aufgestellt waren, dass sie meist um einen festen Wasseranschluss rotierten. Getreidesilos standen häufig in Gruppen von 20-30 zusammen und waren schon kilometerweit zu sehen. - Der Wind trieb mich flott voran, und ich hätte locker rollen können. Aber um sicher vor dem Gewitter am Ziel zu sein, fuhr ich zusätzlich „sportlich“, was bedeutete, dass ich selten unter 25 km/h, teilweise über 30 km/h auf dem Tacho hatte. Fast die gesamte Strecke außerhalb der Orte trat ich im höchsten (achten) Gang, immer auf dem breiten Seitenstreifen. Übrigens konnte man in der Einsamkeit von Kansas auch bedenkenlos beim Radfahren rülpsen, ohne fürchten zu müssen, dadurch auf einem versteckten Grundstück einen Hund aufzuschrecken und zur Jagd zu animieren. Nach dreieinhalb Stunden hatte ich 81 km geschafft, und bald darauf war ich in Garden City. Gut 40 Kilometer bis Lakin musste ich noch schaffen. Wenn ich mich dann noch gut fühlte und das Wetter es zuließ, wollte ich noch weitere 44 km bis Syracuse zurücklegen. Hinter einem etwas heruntergekommenen Vorort, zurück auf Highway 50/400, hatten sich die ersten Wolken gebildet, aber es sah noch nicht bedrohlich aus. Der Rückenwind half ungemein. An einer Tankstelle vor Lakin fielen mir diverse Anti-Obama-Aufkleber auf, bezeichnend für die mehrheitlich sehr konservative politische Gesinnung der Amerikaner in den Präriestaaten. Ich erreichte Lakin schon um 14.20 Uhr. Nach Syracuse würde ich noch mal knapp zwei Stunden benötigen. Das Zeitfenster müsste reichen, der Wetterbericht hatte sich nicht geändert, aber das einzige Motel in Syracuse hatte sehr schlechte Bewertungen bekommen (unfreundliches Personal, rostiges Wasser!). Also checkte ich in Lakin im *Ken Ark Motel* ein, und zwar wegen der Wetterlage gleich für zwei Nächte. Das Motel war an vielen Stellen renovierungsbedürftig, aber sauber und mit 42 Dollar pro Nacht günstig, und die Betreiberfamilie war freundlich. Die Dame am Empfang erzählte mir, dass die ganze Familie fasziniert von Wetter- und Sturmphänomenen sei und nachher, wenn es losginge, sicher staunend draußen stehen würde… So kam es auch. Der etwa 9-jährige Sohn starrte auf ein Wolkengebilde am Himmel und rief (keineswegs ängstlich, eher begeistert) „Daddy, this is a tornado!“ Ich war froh, dass er sich irrte, obwohl tatsächlich zu erkennen war, dass der Wolkenwirbel rotierte… Das erste Gewitter erreichte Lakin gegen 18 Uhr und war wirklich heftig. Wieder einmal war ich froh über meinen trockenen Platz. Und ebenso dankbar und fast fassungslos war ich über das Glück, das ich in Kansas mit dem Wind hatte. Ich musste zwar auf zwei Abschnitten gegen den Wind kämpfen, aber das waren nur Etappenteile. An keinem einzigen Tag hatte der gefürchtete Südwestwind geblasen! Im Gegenteil: An drei Tagen genoss ich richtig guten Rückenwind. Dabei übertraf die heutige Etappe alles: Ich benötigte nur knapp fünfeinhalb Stunden Fahrzeit und erreichte ohne besonderen Aufwand einen Schnitt von 24 km/h! Nun trennten mich nur noch gut drei Fahrradstunden von Colorado und noch weniger von der nächsten Zeitzone.

Freitag, 10. Mai 2013 / 31. Etappe: Lakin, KS – Lamar, CO (125 km)

Zum zweiten Mal hatte ich eine Fehlentscheidung getroffen. Die Straßensperrung am Mississippi zu ignorieren, war dumm gewesen, doch diesmal hatte ich nur der Wettervorhersage vertraut. Es sollte den ganzen Donnerstag bewölkt sein, und fünf Gewitter waren angesagt. Die Realität sah so aus, dass am Vormittag die Sonne herauskam und nur mal kurz zwischen Wolken verschwand. Es fiel kein Tropfen Regen, und der Wind blies aus Nordost. Wirklich ärgerlich! Ich nutzte den freien Tag zum Besuch des *Kearny County Museums* in Lakin. Unter anderem war das Wohnhaus von John O'Loughlin zu sehen, dem ersten weißen Siedler, der hier im Jahr 1873 einen Handelsposten gründete und sich dauerhaft niederließ. Außerdem ist die alte Schule und die Bahnstation der *Atchison, Topeka & Santa Fe Railway Co.* zu sehen, daneben natürlich übliche Exponate aus dem Leben „von früher“. Da ich der einzige Besucher war und der Museumsleiter mir immer wieder etwas erzählte, konnte ich nur selten in Ruhe selbst lesen. Als ich wieder im Motel war, habe ich erstmals eine Speiche an meinem Hinterrad ersetzt. Ich wollte sie eigentlich nur nachziehen, weil eine „Acht“ im Hinterrad zu Schleifgeräuschen an den Bremsbelägen geführt hatte. Dabei stellte ich fest, dass die Speiche im Gewinde gebrochen war. Ich hatte vor zwei Tagen das „Pling“ gehört und sofort nach der Ursache geschaut, aber offenbar an der falschen Stelle gedrückt und keinen Bruch feststellen können.

Ich startete am Freitagmorgen kurz nach acht bei angenehmen 16°C, wissend, dass der Tag heute 25 Stunden haben würde. Die Landschaft wurde westlich noch einsamer als sie östlich von Lakin war. Der Wind wehte mäßig von rechts. Ich überlegte, ob ich heute beim Fahren Musik hören sollte, aber „irgendetwas“ hielt mich davon ab. Eine Stunde später wusste ich den Grund: Zwei Polizeiwagen stoppten mich unmittelbar vor der Bezirksgrenze (eine Minute später, in Hamilton County, wären sie nicht mehr zuständig gewesen). Der Deal mit Gott funktionierte also noch! Ich hatte nichts falsch gemacht, durfte auch trotz der Verbotsschilder auf dem Seitenstreifen fahren. Der Sheriff fragte mich, ob mir irgendwas aufgefallen wäre. Leider konnte ich nichts zu einem Fahndungserfolg beitragen. Am City Park von Lakin war ein Auto aufgebrochen worden. Hamilton County ist der westlichste Bezirk in Kansas, und ab hier gilt die *Mountain*-Zeitzone. Es war so einsam hier, weil auch das Land weniger hergab. Nun verstand ich, warum manche Leute von *West Kansas Desert* (Wüste) sprechen. Außer Grasbüscheln wuchs hier nicht viel, und der Boden war sandig, an einigen Stellen stark erodiert. Manchmal gibt es hier Sandstürme. Ganz nebenbei befand ich mich bereits auf einer Höhe um 1000 Meter. Die *Creeks* unter den Brücken waren fast alle trocken. Selbst der Arkansas River war nur ein Bach. Vor einer Kirche in Syracuse stand ein Schild mit der Aufschrift „Pray for rain“. Es herrschten nun angenehme 21°C. Der Wind hatte leicht auf Nordost gedreht und sorgte dafür, dass ich nach meiner ersten Pause in Syracuse schneller vorankam. Nach 71 Kilometern hatte ich die Staatsgrenze zu Colorado erreicht, meinem neunten US-Staat. Ich hatte nur auf 50 von 640 Kansas-Kilometern Gegenwind gehabt! Zunächst sah natürlich alles aus wie vorher, Berge waren noch nicht zu sehen, nur der glatte Asphalt von Kansas wich einem körnigen Straßenbelag. Nach zehn Kilometern erreichte ich Holly, den ersten kleinen Ort in Colorado. Die restlichen 44 km bis Lamar fuhr ich ohne Pause. Gern wäre ich noch 30 oder 40 Kilometer weitergefahren. Das

Problem bestand darin, dass auf dem nächsten Abschnitt keine Zeltplätze existierten bzw. noch geschlossen hatten. Nachdem auch die *Tourist Information* nicht helfen konnte und ich eine Weile vergeblich alle möglichen Alternativen im Internet geprüft hatte, waren fast zwei Stunden vergangen. So beschloss ich, in der Stadt zu bleiben und mir ein Zimmer im *Chek Inn* zu nehmen, da auch der Stadtpark wegen eines Festes nicht zum Zelten in Frage kam. Im Fernsehen lief das bisher spektakulärste NBA-Spiel, das ich gesehen habe, Chicago gegen Miami.

Samstag, 11. Mai 2013 /32. Etappe: Lamar, CO – Olney Springs, CO (142 km)

Ich schlief erheblich besser und ließ mir am Morgen Zeit. Gegen 9.50 Uhr verließ ich das Motel bei 16°C und Nordwind. Dieser drehte aber im Verlauf der nächsten Stunden immer weiter nach Osten, was mir natürlich sehr half. Die Distanzen zwischen den Orten waren nicht mehr ganz so lang. Ich hatte mir die Etappe bis La Junta vorgenommen und in drei fast gleiche Abschnitte unterteilt, zunächst bis Hasty (Kaff mit immerhin einem kleinen Gemischtwarenladen und Postamt), dann bis Las Animas (Kleinstadt, ziemlich schäbig), schließlich bis La Junta (schon größer und recht ansehnlich), jeweils gut 30 Kilometer entfernt. Alles Weitere wäre Zugabe. Die spanischen Ortsnamen waren kein Zufall. Deutlich mehr Menschen mit offensichtlich mexikanischer Abstammung prägten hier das Bild auf den Straßen. Einige Meilen westlich von Lamar ist das Wasser des Arkansas River im John-Martin-Stausee gespeichert. Der Damm war von der Straße aus zu sehen, aber nicht der See selbst. Allerdings führte der Fluss auch oberhalb des Stausees nur wenig Wasser. Ich machte meine Pausen in den genannten Orten. Die Landschaft hatte teilweise den Charakter einer Steppe. Hinter Las Animas wurde es deutlich hügeliger. Teilweise verlief die Straße parallel zur Bahnlinie. Drei Güterzüge kamen mir entgegen, zwei davon enthielten nicht weniger als je 120 Waggons und wurden von je zwei Loks gezogen und geschoben. Neben der Straße huschten immer mal die blitzschnellen Präriehunde in ihre Löcher, nachdem sie mich gewittert hatten. Ich sah auch wieder ein paar Rindermastbetriebe. Viele der Tiere lagen scheinbar gelangweilt auf dem Boden – besonders toll ist ein Rinderleben vermutlich nicht, wenn man nicht grasen kann und nur Kraftfutter aus einem Trog bekommt. Um 16 Uhr verließ ich La Junta. Es wäre dumm gewesen, die Tagesetappe hier schon enden zu lassen, denn noch war Pueblo 100 km entfernt und morgen sollte Westwind herrschen. Der Wind drehte auch jetzt schon zwischen Südost und Südwest. Die Südost-Phasen nutzten mir noch, sodass ich beschloss, zunächst bis Rocky Ford zu kommen und dann vielleicht weiter bis Fowler, wo es einen Campingplatz gab. Doch da ich mich noch fit fühlte, traf ich in Rocky Ford eine andere Entscheidung: Ich fuhr noch bis Manzanola, bog dann nach Norden ab, und von Crowley ging es schließlich für die letzten acht Kilometer bis Olney Springs wieder nach Südwesten auf Highway 96. Dieses letzte Stück gehörte wieder zur *Transamerica*-Route, welche im am letzten Sonntag in Rosalia verlassen hatte. Die ACA-Karte notierte in Olney Springs eine Zeltmöglichkeit auf einem öffentlichen Gelände. Da ich bei den perfekten Temperaturen (etwa 21°C) nicht groß geschwitzt hatte, konnte ich gut auf eine Dusche verzichten. Der Ort wirkte fast leblos. Das einzige Café schloss bereits um 2 Uhr nachmittags, und sonst gab es hier nur noch ein Postamt. Immerhin stand am Rand der Grünfläche eine recht saubere, sogar mit Papier ausgestattete mobile Toilettenkabine! Pueblo, der wichtige Meilenstein meiner Reise, war noch etwa 65 Kilometer entfernt (was bei Westwind natürlich besser war als 100), und ich hatte meine bisher längste Etappe mit einem Schnitt von 23 km/h beendet. Ich hatte in den letzten Tagen allmählich, aber kontinuierlich an Höhe gewonnen und körperlich keinen Unterschied gespürt. Inzwischen befand ich mich etwa 1400 Meter über dem Meeresspiegel. Die *Transamerica*-Route zu verlassen hatte sich als die richtige Entscheidung erwiesen. Ich war froh über den gelegentlichen Straßenverkehr und den durchweg breiten Seitenstreifen. Die ACA schien vor allem Wert auf ruhige Straßen zu legen, was aber bei 600 Kilometern Farmland auch kontraproduktiv sein konnte.

Auch Traci in Dodge City hatte mir davon abgeraten, auf Highway 96 zu fahren, weil der total langweilig sei, und den bequemen US-Highway 50 empfohlen (der die USA komplett, von Sacramento, CA nach Ocean City, MD durchquert).

Sonntag, 12. Mai 2013 / 33. Etappe: Olney Springs, CO – Pueblo, CO (70 km)

Morgens grüßte der Sheriff beim Vorbeifahren. Gegen halb zehn, bei 18 Grad und erträglichem Südwestwind, unmittelbar hinter dem Ortsende von Olney Springs auf einer Anhöhe, sah ich erstmals die Rocky Mountains! Ein unbeschreiblicher Anblick: vier verschiedene Bergmassive, die Gipfel in strahlendes Weiß gehüllt. Gestern Abend hatte ich sie noch nicht gesehen, weil eine Wolkenschicht im Gegenlicht die Sicht versperrte. – Die Landschaft war knochentrocken. Rechts der Straße entfaltete sich eine dünenartige Landschaft mit spärlicher Vegetation. Bis Boone brauchte ich fast zwei Stunden. Dort hatte ein kleiner Laden sogar sonntags von 8 bis 17 Uhr geöffnet, was ich für eine Pause nutzte. Ich war sogar ganz dankbar, dass es heute nach den drei schnellen, flachen Ostwind-Etappen nicht so leicht war, denn die Beine lernten auf diese Weise wieder, was Anstrengung ist, bevor es in die Berge ging und aus Anstrengung Kampf werden würde. Die etwa gleich lange zweite Etappenhälfte fiel mir leichter. Die Außenbezirke von Pueblo begannen schon weit vor der Stadtmitte. Pueblo ist mit über 100.000 Einwohnern das Tor zu den Rocky Mountains. Ich erreichte die Stadtmitte gegen halb zwei. Hier endete der zweite Teil meiner Reise, der ja irgendwie immer noch wie ein Auftakt war. Als ich vor 30 Jahren mit meinem Freund Martin die USA-Bildbände verschlang und wir unsere Lieblings-Bundesstaaten wählten, kamen fast nur westliche Staaten in meiner Liste vor. Als die Idee von der Durchquerung per Rad begann, war vor allem der Teil zwischen Pazifik und Colorado wichtig – östlich davon interessierte mich damals nur Nashville und die Appalachen. In Pueblo endete die *Transamerica*; ab sofort würde ich größtenteils der ACA-Route *Western*

Express folgen. – Nun musste ich eine Entscheidung treffen. *Western Express* führte auf Highway 96 über Wetmore und einen Pass mit 1000 Metern Höhenunterschied nach Westcliffe und weiter nach Cotopaxi. Etwas westlich von Pueblo gab es einen Campingplatz in einem *State Park*. Alternativ könnte ich auf dem lebhaften Highway 50 bleiben und über Cañon City nach Cotopaxi fahren. Das wäre bis Cañon City vermutlich nicht sehr schön, würde mir aber den Besuch der *Royal Gorge* ermöglichen und mir für den Anfang nur etwa 400 statt 1000 Höhenmeter bescheren. Während ich noch überlegte, war es fast 16 Uhr und 30°C heiß geworden. Ich hatte mich schon auf Variante B und weitere 50 km Fahrt nach Cañon City eingestellt, wäre dort also erst gegen 19 Uhr angekommen. Ich wollte gerade ein Zimmer in einem Motel in Cañon City reservieren, als ich die blinkende Werbung des benachbarten *Rodeway Inn* entdeckte: Zimmer für 43 Dollar inklusive Frühstück! Ich überlegte nicht lange. So würde ich morgen in der kühlen Morgenluft nach Cañon City fahren können, und die Distanzen bis zum Monarch Pass, den ich in drei Tagen zu erreichen hoffte, kamen meiner Planung besser gelegen.

Montag, 13. Mai 2013 / 34. Etappe: Pueblo, CO – Texas Creek, CO (119 km)

Die Aussicht auf Westwind und nachmittägliche Hitze trieb mich schon vor sieben Uhr aufs Rad. Über 50 Kilometer Hauptstraße (immer noch US Highway 50) lagen bis Cañon City vor mir, und die waren unglaublich hart, obwohl ich zunächst die *Rolling Foothills* und noch gar nicht die richtigen Rocky Mountains zu bewältigen hatte. Der frische Westwind blies mir genau ins Gesicht. Selbst bergab schaffte ich kaum über 18 km/h. Schon nach 20 Kilometern hätte ich eine Pause vertragen können, aber erst nach der doppelten Strecke gab es unter einer Brücke zumindest eine Möglichkeit zum Rasten. Zum Glück hatte ich gut gefrühstückt… Für 55 km brauchte ich fast vier Stunden. Neben der Straße wuchsen die ersten Kakteen. In Cañon City verschlang ich ein reichhaltiges Mittagessen, um Kraft für die nächste Prüfung zu tanken. Nun gab es nämlich keinen Aufschub mehr – die Rocky Mountains begannen sofort hinter der Stadtgrenze! Und ich befand mich offenbar im Windschatten der Berge, denn der Wind beruhigte sich plötzlich, sodass die Hitze zum größeren Problem wurde. Außerdem wurde es endlich grüner, weil an den Berghängen Nadelbäume wuchsen. Die ersten 300 Höhenmeter kam ich zwar langsam, aber recht gut auf Highway 50 voran. Die Steigung schätzte ich auf maximal 7%, und es gab auch Flachstücke zwischendurch. Nach 12 Kilometern befand ich mich schon wieder im Gefälle, als links eine kleine Straße zum *Royal Gorge Park* abzweigte. Die *Royal Gorge* war der Grund, warum ich überhaupt hier fuhr, also quälte ich mich 7 Kilometer auf dieser wesentlich steileren Straße bis zum Parkplatz des Parks und genoss den frischen Duft von Kiefern und Zedern. Der Arkansas River hatte sich hier 300 Meter tief in das Gestein gefressen und eine faszinierende Schlucht geschaffen. Es gab einen Fußweg zu einem Aussichtspunkt, von dem aus man gut in die Tiefe und auf die Hängebrücke, die lange Zeit die höchste der Welt war, blicken konnte. Selbst über die Brücke zu gehen hätte mich zwar gereizt, war mir aber ganz sicher nicht 26 Dollar Eintritt wert (selbst wenn dieser für den gesamten Vergnügungspark gültig war). Ich hatte Ehrfurcht vor der Kraft der Natur, aber ich wollte nicht jeden Scheiß unterstützen, den die Menschheit der Natur aufzwingt. Die Hitze trocknete meine Kehle aus, immer wieder musste ich trinken. Außerhalb des Parks gab es keine Möglichkeit, Getränke zu kaufen. So hoffte ich auf die nächsten Orte. Wieder auf dem Highway, rollte ich locker drei Meilen ins Tal zum westlichen Anfang der Schlucht, doch der eingezeichnete Ort bestand nur aus zwei Gebäuden, die einer Rafting-Firma gehörten. Niemand war zu sehen, aber wenigstens war ein Waschraum geöffnet, sodass ich meine Flaschen nachfüllen konnte. Nun waren es noch 21 km bis Texas Creek, das ich mir als Ziel ausgesucht hatte. Die Straße verlief parallel zum Arkansas River und stieg nur geringfügig an. Ich entdeckte einige Exemplare einer hier verbreiteten Rasse großer Bergschafe mit langen Hörnern. Zwischendurch passierte ich mehrere Plätze zum Picknicken, Angeln und Beobachten, davon einen mit Zeltmöglichkeit. Es gab keinen Frischwasserhahn, nur (saubere) Plumpsklos und den Fluss. Dafür sollte man 19 Dollar Gebühr in eine Box werfen. In Texas Creek sollte auch so eine *Recreation Area* sein, und ich beschloss, bis dort weiterzufahren und notfalls ohne Zelt unter dem Dach des Beobachtungsstandes zu nächtigen. Als ich Texas Creek erreichte, musste ich feststellen, dass der Ort quasi tot war. Das Café hatte für immer geschlossen, die Recreation Area bestand hier nur aus Angelplätzen, und ich war wirklich erschöpft. Frustriert und kraftlos kämpfte ich mich voran Richtung Cotopaxi, in der Hoffnung auf weitere solche Einrichtungen. Zu meiner großen Freude befand sich nur etwa drei Kilometer weiter sogar ein regulärer Campingplatz. Es war schon 17:45 Uhr, und das Büro war nicht besetzt, aber auf einem Schild stand, dass man sich in diesem Fall einen Platz suchen und später bezahlen sollte. Außer mir standen nur zwei Wohnwagen hier, und es war einfach herrlich hier. Vor mir rauschte sanft der Fluss, und zu meiner Linken überragten schneebedeckte Gipfel ihre niedrigeren Vorberge. Ich befand mich auf über 2000 Metern über dem Meeresspiegel und war gespannt, wie kalt die Nacht werden würde.

Dienstag, 14. Mai 2013 / 35. Etappe: Texas Creek, CO – Maysville, CO (65 km)

Die Nacht war im warmen Schlafsack gut auszuhalten. Ich stand um 6.30 Uhr auf, und schon der Blick flussaufwärts war ein Geschenk für mich. Es geht einfach nichts über die Farben in der Morgen- oder Abendsonne! Das Zelt war natürlich nass von vielen kleinen Tautropfen, doch die Sonne würde es schon irgendwo trocknen. Als ich losfuhr, waren 7°C, aber es wurde sehr schnell wärmer. Im acht Kilometer entfernten Cotopaxi gönnte ich mir ein warmes Frühstück aus Speck, Spiegeleiern und Kartoffelrösti. Der kleine Ort war überaus hübsch, und der *General Store* beinhaltete auch eine Tankstelle sowie dieses Café. Nun war ich wieder auf der *Western-Express*-Route, die ich in Pueblo verlassen hatte. Die ACA erspart ihren Anhängern die Schnellstraße über Cañon City, aber damit auch diesen zauberhaften Abschnitt unterhalb von Cotopaxi durch den *Bighorn Sheep Canyon*. Meine Augen leuchteten mit der Sonne um die Wette, und immer wieder kam mir ein „Wow, ist das schön hier!" über die Lippen. Oberhalb von Cotopaxi wurde es sogar noch etwas schöner! Viele Angler standen am oder im Arkansas River. An der schönsten Stelle des Canyons standen zwei Maler vor ihren Staffeleien, Josh und Carl. Josh malte mit Ölfarben genau das Motiv, das ich gerade fotografiert hatte. Er betrieb als Profi eine Galerie in Salida (*www.joshuabeen.com*), und gab mir einen Prospekt von sich, der auch seine Kontaktdaten verriet. Nach einer kurzen Pause im kleinen Ort Howard entdeckte ich die beiden Maler weiter flussaufwärts erneut. Spontan beschloss ich, Josh um genau jenes Bild zu bitten, an dem er bei der ersten Begegnung gearbeitet hatte. Josh versprach mir, das Bild zu reservieren und nach Deutschland zu schicken. Es kostete mich 400 Dollar, aber ein schöneres Souvenir von dieser Reise konnte ich mir nicht vorstellen. Der Canyon weitete sich und machte einer Wiesenlandschaft Platz. Immer dem Fluss folgend gewann die Straße angenehm langsam an Höhe. Salida war eine lebendige und ansehnliche Stadt, natürlich vom Tourismus begünstigt. Sie liegt genau in der Mitte von Colorado und ist Ausgangspunkt für Bergsteiger, Wildwasserfahrer, Wintersportler und Naturliebhaber. Ich blieb fast dreieinhalb Stunden hier, ließ mein Zelt in der Mittagssonne über einem leeren Blumenkübel trocknen, ließ mich beim Kauf eines Wasserfilters beraten und traf zwei weitere *Cross-Country*-Radler, Curti und Tyler aus San Francisco, die dort gestartet waren und am 4. Juli am Atlantik in North Carolina ankommen wollten. Ich hatte das Zelt gerade noch rechtzeitig verpackt, bevor ein Schauer einsetzte und die Luft plötzlich von 24° auf 18° abkühlte. Außerdem wurde es sehr schwül. Der Himmel sah nicht gut aus, aber ich wollte doch noch weiter bergauf, damit der morgige Anstieg zum Monarch Pass nicht ganz so lang werden würde. In Poncha Springs war ich drauf und dran, wegen der drohenden Wolken ein Motel zu nehmen, vertraute aber darauf, dass es so lange nicht regnen würde, bis das Zelt aufgebaut war. Genau so kam es! Eine Meile unterhalb von

Maysville, auf 2500 Meter Meereshöhe, lag der *Heart of the Rockies*-Campingplatz. Zum ersten Mal während meiner Tour war ein Campingplatzbüro besetzt. Die Dame wusste sogar noch meinen Namen, denn ich hatte vorgestern hier angerufen, um mich zu vergewissern, dass das Zelten erlaubt und auf einer solchen Höhe überhaupt möglich ist. Als ich vom Duschen kam, bauten neben mir gerade Mike und Lindsie ihr Zelt auf. Was die beiden taten, stellte jede USA-Durchquerung per Rad in den Schatten. Sie wanderten zu Fuß einmal quer durch dieses riesige Land und zogen dabei jeder einen Handwagen hinter sich her. Auf ihrer Internet-Seite *www.storming-jericho.org* riefen sie zu Spenden zwecks Finanzierung ihres Vorhabens auf. Letzte Nacht hatten sie oben auf dem Monarch Pass gezeltet! Genau der stand mir morgen bevor – zwanzig Kilometer bergauf über 950 Höhenmeter, aber zum Glück eben nicht mehr die gesamten 36 Kilometer Steigung von Salida. Außerdem konnte mein Körper sich noch eine Nacht länger an die Höhe gewöhnen. So hart es gestern auch war – für diese heutige, traumhafte, wenn auch kurze Etappe hatte sich jede Mühe gelohnt!

Mittwoch, 15. Mai 2013 / 36. Etappe: Maysville, CO – Gunnsion, CO (92 km)

Ich hatte sehr schlecht geschlafen. Anfangs war ich viel zu aufgeregt, später hielten mich plötzliche Windböen wach. Ein paar Stunden Schlaf schaffte ich schließlich doch. Trotz der Höhe war es nicht kälter als 9°C, und als ich in der Morgensonne frühstückte, war es warm genug, um im T-Shirt zu sitzen. Um 8:25 Uhr nahm ich die lange Steigung zum Monarch Pass in Angriff. Die ersten paar Kilometer waren noch relativ flach. Bei etwa 3000 Höhenmetern erreichte ich die ersten Schneereste an den Nordhängen. Entgegen der Vorhersage hatte ich anfangs sogar leichten Rückenwind, der zusätzlich das Schwitzen verringerte. Die Steigung betrug oberhalb von Maysville durchschnittlich 6%, und steiler als 8% war es wohl nie. Auf den letzten zehn Kilometern erlebte ich den Konflikt zwischen meinen

Beinen (die nach wie vor hervorragend arbeiteten) und meiner Atmung (die aufgrund der Höhe schneller wurde). Ich ging kein Risiko ein und fuhr den Berg langsam hinauf, musste aber nie schieben. Ich beschloss, bei Bedarf nach jeweils einem Kilometer eine Pause zuzulassen, doch auf die meisten Pausen verzichtete ich. Einmal hielt ich an, weil frisches Felsquellwasser zu meiner Rechten sprudelte. Erst 5 km vor dem Pass wurde es merklich kühler, und ich zog die Baumwolljacke über. Knapp einen Kilometer vor dem Pass fielen ein paar Tropfen, sodass auch die Regenjacke zum Einsatz kam. Nun wurde es schnell kühl. Plötzlich, nach einer Rechtskurve, wurde nur 300 Meter vor mir zum ersten Mal die Passhöhe sichtbar. Das Gefühl war unbeschreiblich: 3448 Meter – der höchste Punkt der gesamten Tour war erreicht. Und ich war in meinem ganzen Leben zuvor noch nie auf einer solchen Höhe gewesen (mein Rekord stand bei popeligen 3152 Metern auf dem Piz Boe). Von Höhenkrankheit keine Spur! Ich hätte keine zehn Minuten später ankommen dürfen, denn es setzte ein fieser Graupelschauer ein. Ich konnte kaum fassen, wie gut Gott zu mir war, und ich weiß nicht, ob mir dies bewusst gewesen wäre, wenn ich in Gesellschaft gereist wäre. Hier oben lag der schmutzige Altschnee neben der Straße noch etwa einen Meter hoch, und Skilaufen war am Monarch Mountain noch möglich. Ich befand mich auf der kontinentalen Wasserscheide. Das Wasser Richtung Osten fließt zum Atlantik, Richtung Westen zum Pazifik. Auf dem Pass steht ein Haus mit Souvenirladen und Café. Während ich dort speiste, kamen JR und Roberto aus New York hinein, beide 27 Jahre alt. Sie fuhren von Washington, DC ebenfalls per Rad Richtung San Francisco. Wir tauschten natürlich unsere Erfahrungen aus, aber ich brach vor ihnen wieder auf. Der Schauer war vorbei, auf der Straße lagen keine Körner mehr, doch es war nass und hatte sich auf 9°C abgekühlt. In voller Montur rollte ich – zunächst sehr vorsichtig – 16 Kilometer ohne einen einzigen Pedaltritt hinunter nach Sargents. Ich dachte an die Ingenieure und vor allem die Arbeiter, die diese Straße gebaut hatten und sie instand hielten. Ihnen gebührte mein Dank dafür, dass meine Fahrt möglich war. Die Natur möge uns hoffentlich vergeben, dass sie durch diese Straße so verunstaltet wurde. Als ich gerade wieder zu treten begonnen hatte, sah ich von weitem zwei Radler sich bergauf mühen. Schweizer! Unglaublich: Gerade hatte ich an die Schweiz gedacht und mir vorgestellt, dass dort statt der Passstraße einfach ein riesiger Tunnel gebaut worden wäre... Annegret und Martin aus Bern waren in Los Angeles gestartet, hatten die Sierra Nevada südlich über Arizona umfahren und wollten nun zur Ostküste. Hinter Sargents wurde es deutlich flacher, und die Landschaft weitete sich. Links von mir erstreckten sich weiträumige Feuchtwiesen, wo Frösche quakten und Rinder weideten. Wie viel schöner diese Rinder hier doch lebten als auf den *Feed Yards* in den *Plains*! Als ich in Parlin rastete, waren ohne große Mühe seit dem Pass schon über 50 km verstrichen. JR und Roberto kamen kurz nach mir an. Wir zögerten mit der Weiterfahrt, weil dunkle Wolken in unserer Richtung drohten. In Gunnison wollte ich eigentlich auf dem Campingplatz übernachten. Aber das Gewitter begann, als ich am Stadtrand war. Ich hätte das Zelt also auf nassem Untergrund aufbauen müssen. Als JR beobachtete, wie ich eines der Motels ansteuerte, schlug er vor, dass ich möglicherweise mit ihm und Roberto bei einem Freund übernachten könnte. Er müsse ihn natürlich vorher fragen. Gunnison gefiel mir, es strahlte viel Lebendigkeit aus. Wir überbrückten die Zeit in einer ziemlich lauten Kneipe. Irgendwann tauchten der Freund namens Kevin und sein Vater Scott auf, luden unsere Räder auf einen *Pickup* und ließen uns zu Kevins Elternhaus fahren, das etwa sechs Meilen nördlich von Gunnison lag. So kam ich unverhofft zu einem trockenen Schlafplatz und zu einem fantastischen Abendessen, das Mutter Sue vorbereitet hatte (Putenfleisch, Artischocken und Kartoffelsalat). Sue war eine fantastische Köchin und hatte gerade ein eigenes Kochbuch geschrieben! Wir unterhielten uns angeregt, und ich freute mich über die sympathische Gesellschaft und die unglaubliche Gastfreundschaft, die die Familie mir – einem völlig Fremden – entgegenbrachte.

Donnerstag, 16. Mai 2013 / 37. Etappe: Gunnison, CO – Montrose, CO (118 km)

Der Morgen war kühl, aber die Sonne sorgte für traumhafte Farben. Ich verließ das Haus meiner Gastgeber um 7:40 Uhr. JR und Roberto blieben noch – sie nahmen sich einen freien Tag und wollten ihn mit Kevin verbringen. Die zehn Kilometer nach Gunnison vergingen im Flug. Dort führte mich mein Weg zunächst zur Post, zur Bank und zum Supermarkt. Schließlich war es fast zehn Uhr, als ich mich auf die nächste Etappe Richtung Westen begab. Mein Tagesziel Montrose lag fast 600 Meter tiefer, aber zwischendurch gab es drei kleinere Pässe zu überwinden. Highway 50 führte zunächst mit leichtem Gefälle entlang des Gunnison River und bald durch einen wunderbaren Canyon. Weiter abwärts war der Fluss im Blue Mesa Lake gestaut, dessen Wasserspiegel ziemlich niedrig war. Nördlich des Stausees waren faszinierende Felsformationen und Mesas zu sehen. Nach gut 50 km bei Sapinero rastete ich, denn gleich danach begann die erste lange Steigung. 300 Höhenmeter waren zu überwinden. Der Wind hatte stark zugenommen und blies mir nun meistens entgegen. Ich hatte aber immer auch Passagen, die geschützt lagen. Nach einer kurzen Abfahrt in ein herrliches Tal ging es wieder bergauf, an einem rauschenden Bach entlang. Kurz vor dem Pass musste ich eine Weile an einer Baustelle warten und konnte mich kurz mit dem *Flagger* unterhalten, einem Verkehrsposten, dessen Aufgabe darin bestand, ein Schild entweder auf „Stop“ oder auf „Slow“ zu drehen und dies per Funk abzusprechen. Die Arbeit mochte eintönig sein, aber es gab ganz sicher schlechtere Arbeitsplätze als diesen hier mit dem freien Blick auf die von der Sonne beschienene Berglandschaft. Nach dem Pass folgten sieben Kilometer Rollen; erst kurz vor Cimarron war das Gefälle niedriger. In Cimarron staute sich die Hitze; der Ort lag in einem auf drei Seiten von Bergen umgebenen Kessel. Hier rastete ich erneut, um noch einmal Kraft für den letzten Anstieg zu sammeln. Im kleinen Dorfladen traf ich Mason, der mit seinem Rad in Gegenrichtung unterwegs war. Er war am 1.Mai in San Francisco gestartet und hatte seine Tour nach Salida fast geschafft, musste aber noch über den Monarch Pass. Dagegen war meine nun folgende Acht-Kilometer-Steigung mit 300 Höhenmetern zum Cerro Summit ein Klacks. Danach folgte wieder eine sechs Kilometer lange Rollpassage. Die letzten 16 km ging es immer leicht bergab, aber der Gegenwind sorgte dafür, dass ich nicht arbeitslos wurde. Die Landschaft änderte sich völlig. Je mehr ich an Höhe verlor, desto wärmer wurde es und desto erodierter waren die Berge. Rechts von mir sahen sie aus wie Sanddünen. Als ich Montrose um 16 Uhr erreichte, hatte ich auch die ersehnte SMS von Rod erhalten, dem ich erst gestern eine Übernachtungsanfrage geschickt hatte. Er hatte mich missverstanden und erst morgen erwartet. Als ich anrief, um dies aufzuklären, zögerte seine Frau Judy keine Sekunde und freute sich, mich gleich zum Essen zu begrüßen. Es gab ein mexikanisches Gericht, dessen Namen ich vergessen habe, dazu frischen Salat. Einmal mehr habe ich warmherzige Menschen getroffen, denen ich sehr dankbar war. Ich schlief auf dem Fußboden, denn das Bett war bereits für JR oder Roberto gemacht – die beiden wurden hier einen Tag nach mir erwartet. Dagegen würde ich nun eine dreitägige Auszeit nehmen und mit einem Mietwagen ein paar Orte in Colorado aufsuchen, die ich im Rahmen der Radtour nicht erreichen konnte.

Freitag, 17. Mai bis Sonntag, 19. Mai 2013: Drei Tage Pause in Colorado

Drei Tage Pause – obwohl weder das Wetter noch mein Körper danach verlangten? Ich hoffte, dass sich das nicht noch rächen würde. Doch ich lag noch immer gut in der Zeit und war vermutlich nur noch drei Tagesetappen von Utah entfernt.

Zuerst kaufte und montierte ich einen neuen Hinterreifen. Ich musste unbedingt das Gewicht besser verteilen, mehr nach vorne verlagern, damit der neue Reifen möglichst bis San Francisco, mindestens aber bis Fallon, NV hielt. Rod und Judy hatten mir gestattet, mein Fahrrad über das Wochenende auf ihrem Hof abzustellen. Bei *Cascade Cycles* gab es sogar einen Mechaniker, der meine Beleuchtung reparieren konnte. Ursache des Defekts war ein Kurzschluss des Kabels im Inneren des Generatorsteckers – darauf wäre ich nie gekommen! Nun war die Voraussetzung geschaffen, um die bevorstehenden Wüstenetappen schon vor Sonnenaufgang beginnen zu können. Um 15:20 Uhr konnte ich endlich mit dem gemieteten Auto das Firmengelände von *Enterprise* verlassen. Meine Fahrt führte über Delta und Hotchkiss, und anschließend den knapp 2700 m hohen McClure-Pass hinauf und nördlich wieder hinunter. Die Landschaft war bezaubernd. Hinter Carbondale führte eine Schnellstraße knapp 50 km nach Aspen, einen der beliebtesten Wintersportorte der USA. Einzelne schmutzig-weiße Zungen aus Altschnee existierten auch jetzt noch, Mitte Mai. In Colorado lebten im Vergleich aller US-Staaten die gesündesten Menschen – kein Wunder, wenn der Überfluss an Möglichkeiten zur sportlichen Betätigung geradezu einlud. Auch hübsche Frauen sah ich allein in Aspen mehr als in den gesamten sechs Wochen zuvor. Ich war aber nicht wegen der Skipisten oder Skihäschen hier. Mein Ziel war das *John Denver Sanctuary*. Warum? Im Sommer 1979 lief im deutschen Fernsehen ein Werbespot für eine neue Langspielplatte: „Voice of America“ von John Denver. Ich war auf der Stelle restlos begeistert von den ersten Takten („The Eagle and the Hawk“), die mit traumhaften Bildern eines Adlers vor der Kulisse der Rocky Mountains unterlegt waren. Diese Bilder und Klänge waren damals neu für mich. Ich wünschte mir die LP zum dreizehnten Geburtstag (und bekam sie). Ich glaube, dass dies die Initialzündung war, warum ich mich seitdem mit dieser Gegend verbunden fühlte. Von John Denver gefällt mir zwar nicht alles, aber ich fand ihn immer sympathisch, und einige Songs bedeuteten mir viel. Etwa 30 Jahre später erwarb ich eine DVD mit einer Dokumentation über diesen Musiker und Songwriter. Diese begann ebenfalls mit „The Eagle and the Hawk“ und zeigte unter anderem Bilder von einem Park in Aspen, in dem nach John Denvers Tod manche seiner Texte in Findlinge graviert worden waren. In dieser Stadt hatte der Sänger lange gelebt. Es ist nicht mit Vernunft zu erklären, warum mich diese Gedenkstätte so angezogen hat. Ich war jedenfalls glücklich, hier gewesen zu sein. Aspen war auch sonst recht hübsch, und der Tourismus hielt sich an diesem Abend in Grenzen. Ich konnte jedenfalls gut nachvollziehen, woher John Denver seine Inspiration bezogen hatte. Leider musste ich für mein nächstes Ziel mehr als 160 Kilometer Umweg in Kauf nehmen, denn der fast 3700 m hohe Independence Pass, die höchstgelegene asphaltierte Passstraße der USA, war noch geschlossen. Ich fuhr zurück Richtung Nordwesten bis Glenwood Springs, über 60 km immer leicht bergab! Dort parkte ich in einer ruhigen Seitenstraße und schlief im Auto.

Am nächsten Morgen ging es zunächst auf der *Interstate* 70 ostwärts. Gleich zu Beginn bot der Glenwood Canyon atemberaubende Eindrücke – leider durfte ich nicht halten, um Fotos zu machen. Ich passierte Vail, einen weiteren berühmten Ski-Ort, dessen pompöse Hotels mich an die schweizerischen Ski-Hochburgen erinnerten. Bei Frisco bog ich südlich auf den Highway 9 ab und erreichte bald den schon über 3000 Meter hoch gelegenen Ort Breckenridge, noch so ein Wintersportzentrum. Doch ich musste noch höher hinauf, über den Hoosier Pass (3500 m). Auf dessen Südseite liegt Alma, die höchstgelegene Stadt der USA, und kurz danach kam ich nach Fairplay, wo die Comic-Serie *South Park* beheimatet ist. Die Meilen gingen irgendwie vorbei, während im Autoradio zu meiner Freude ein angenehmer regionaler Country-Sender lief. Nach insgesamt viereinhalb Stunden Fahrt erreichte ich Manitou Springs. Hier besuchte ich zuerst das *Cliff Dwellings Museum*. Zwischen 1100 v. C. und 1300 n. C. hatten hier Anasazi-Indianer gesiedelt und faszinierende Häuser unter schützende Felsvorsprünge gebaut. Unterhalb davon wurde Ende des 19.Jahrhunderts ein Dorf nach spanischem Vorbild gebaut. Bis 1984 haben hier noch Indianer gelebt. Manitou Springs selbst war zwar ziemlich touristisch, aber sehr hübsch. Es gab diverse alternative Läden, Weinlokale, Galerien und Cafés. Mich hat vor allem der *Cripple Creek Dulcimer Shop* begeistert, in dem wunderschöne Saiteninstrumente zu bestaunen waren. Außerdem nutzte ich die Zeit für die Reinigung meiner Schmutzwäsche in einem Waschsalon. Anschließend fuhr ich hinauf in den *Garden of the Gods*. Dort gab es faszinierende Felsformationen zu sehen, geformt von Wind und Wasser über Millionen von Jahren. – Es war Samstag, und ich hoffte auf Live-Musik am Abend. Da in Manitou Springs selbst zwar zwei Kneipen Live-Musik anboten, aber niemand so recht wusste, welche Musikrichtung zu erwarten war, vertraute ich einem Plakat und fuhr in die nur wenige Kilometer entfernte Halbmillionenstadt Colorado Springs. Eine Amateurband namens „Burn the Maps" lud zur *Release-Show* ihres zweiten Albums, und da auf dem Plakat Gitarre, Banjo und Kontrabass zu sehen waren, hoffte ich auf einen Stil in der Nähe von Country oder Bluegrass. Außerdem war im Eintrittspreis ein Gratis-Exemplar der präsentierten CD enthalten. Im Vorprogramm sang Liedermacher Chauncy Crandall mit kräftiger, bluesiger Stimme, begleitet von einer technisch guten, aber nicht immer passend spielenden Geigerin. Burn the Maps selbst gefielen mir gut. Es war gefälliger Folkpop, zwar mit überflüssigem Schlagzeug und zu leisem Banjo, aber Stimmen, Gitarren, Bass und die Songs waren klasse. Ich fuhr nach dem Konzert noch bis Castle Rock und schlief dort wieder im Auto.

Am Sonntagmorgen war es nicht mehr weit bis zum westlich von Denver gelegenen *Red Rocks Park*. Inmitten wunderbarer Felsen wurde dort vor über 70 Jahren ein spektakuläres Amphitheater errichtet. Es war John Denvers Lieblingsbühne, aber auch andere Superstars wie die Beatles (auf ihrer ersten US-Tour im Jahr 1964), U2 oder Pearl Jam sind hier schon aufgetreten. In 70 Sitzreihen war für 9450 Zuschauer Platz. Da an diesem Tag keine Veranstaltung stattfand, waren Bühne und Ränge frei zugänglich. Mehrere hundert Fitness-Fans nutzten die steilen Wege und Treppen für Körperübungen und Jogging. Von den obersten Reihen konnte man bis weit über die Wolkenkratzer von Denver hinweg in die *Plains* blicken. Ein *Visitor Center* beinhaltet eine Chronik, eine *Hall of Fame* und einen Souvenirladen. Ich spazierte auf einem schönen, etwa zwei Kilometer langen Rundweg entlang der Felsen durch den Park. – Am Nachmittag wurde ich in Berthoud, nördlich von Denver, bei Joe und Hannah erwartet, den Musikern von *Acoustic Eidolon*, die ich im März kennengelernt hatte. Beide waren ebenfalls begeisterte Radfahrer und interessierten sich natürlich für meine bisherigen Erlebnisse und die Fotos. Hannah zauberte ein sehr leckeres Abendessen (Steak und grüne Bohnen) und bot mir an, einige nicht mehr benötigte Teile meines Gepäcks per Paket nach Deutschland zu schicken. Joe zeigte mir das eigene Tonstudio im Keller des gemütlichen Hauses.

Montag, 20. Mai 2013 / 38. Etappe: Montrose, CO – Ridgway, CO (44 km)

Nun wurde es Zeit, wieder auf mein eigentliches Verkehrsmittel umzusteigen. Zuvor mussten aber noch 345 Meilen (555 Kilometer) mit dem Auto zurückgelegt werden. Ich musste um 14.30 Uhr bei *Enterprise* sein und kalkulierte sieben Stunden Fahrzeit. Um nicht in den übelsten Berufsverkehr um Denver zu geraten, startete ich in Berthoud schon um 6:10 Uhr. Viel spannender als die *Rush Hour* wurde aber das Überqueren der Kontinentalen Wasserscheide auf dem *Interstate* Highway. Bei der Auffahrt zum höchsten Punkt Richtung *Eisenhower Tunnel* (3360 m hoch) war der Regen schon in Schnee übergegangen, und auf der Westseite waren bereits 5-10 Zentimeter Neuschnee gefallen! Als ich aus dem Tunnel kam, fuhr gerade ein Schneepflug auf der linken Spur, und ich hielt es für das Beste, direkt hinter ihm zu bleiben. Auf der Straße war zwar kein Eis, aber Matsch. Auch am etwas niedrigeren Vail Pass schneite es leicht. Weiter westlich verlor die Straße aber kontinuierlich an Höhe, und die Wolkendecke zeigte immer größere Lücken, sodass der Rest kein Problem mehr war. Kaum zu glauben: Zwischen der Wasserscheide und dem tiefsten Punkt (Grand Junction) lagen fast 2000 Höhenmeter. Der kleine *Mazda 2* hat aber alles brav überstanden. Nachdem das Auto abgegeben war, musste ich noch vier Kilometer zum Haus von Rod und Judy laufen, wo mein Fahrrad und das Zelt auf mich warteten. Dann war alles gepackt, wir verabschiedeten uns, und ich machte mich gegen 16 Uhr auf den Weg. Nachdem ich tagelang westwärts geradelt war, verlief die *Western-Express*-Route nun in einem Bogen nach Süden. Es war nur 18°C kühl. Ich wollte noch 44 km und 300 Höhenmeter bis ins Städtchen Ridgway schaffen, um mich dem nächsten Pass schon bis auf 18 km zu nähern. Der Nordwestwind bei kühlen 18 Grad half mir kräftig, damit es nach drei Tagen Pause nicht zu anstrengend wurde. Trotzdem schwitzte ich stark und liebäugelte bereits mit einer Dusche im Motel. Doch als ich Ridgway erreichte, hatte sich mein Stoffwechsel offenbar normalisiert, und ich wollte im Stadtpark zelten. Ich wurde an den verantwortlichen Parkwärter verwiesen. Dieser stellte sich als Danny vor und sagte, dass die Polizei es nicht erlauben würde, aber ich könne gern auf dem Rasen neben seinem *Trailer* zelten! Das passte hervorragend, zumal die Toiletten des Parks gleich gegenüber lagen. Ridgway gefiel mir sehr gut. Trotz der nur gut 400 Einwohner wirkte es lebendig und strahlte Wildwest-Flair aus. Es gab eine Wildwest-Kulisse, und jährlich findet ein populäres Rodeo statt. Außerdem waren in einem kleinen Museum ein paar Waggons der *Rio Grande Railroad* zu sehen. Positiv fand ich auch, dass die Stadt viel für den Umweltschutz tat. Entlang des Uncompaghre River wurde ein Naturpark angelegt, durch den auch ein Fuß- und Radweg führte. Man legt großen Wert auf den Erhalt der Feuchtgebiete am Fluss, Lebensraum für viele Tiere.

Dienstag, 21. Mai 2013 / 39. Etappe: Ridgway, CO – Telluride, CO (66 km)

Die heutige Etappe war zwar nicht lang, aber sie hatte es in sich. Die Topografie bestimmte sowohl Länge als auch Geschehen. Die Nacht war kalt, aber erträglich. Die Sonne erwärmte die Morgenluft schnell, und Danny brachte mir eine Tasse Kaffee mit Honig. Dennoch ließ ich mir drei Stunden Zeit, damit das Zelt trocknen und ich den Online-Zugriff an der Bibliothek nutzen konnte, bevor ich gegen 10.20 Uhr startete. Vor mir lagen nun 17 km Steigung mit 600 Höhenmetern zur Dallas Divide. Mein Eindruck von der Karte bestätigte sich: Der Anstieg war zwar kürzer und niedriger als neulich die Auffahrt zum Monarch Pass, aber das dritte Viertel war steiler. Mit einem fantastischen Blick zurück in Richtung der weiter östlich gelegenen Berge wurde ich für die Quälerei entschädigt. Oben war es empfindlich kalt, denn nun gab es keinen Schutz mehr vor dem Nordwestwind. In diese Richtung musste ich hinabfahren, konnte aber nicht „einfach rollen lassen“. Der Gegenwind war oft stärker als die Hangabtriebskraft. Nach der 21 km langen Talfahrt hatte ich fast 500 Höhenmeter verloren. Fast ebenso viele musste ich nun wieder hinauffahren, aber Richtung Südosten, also mit Unterstützung des Windes. In Sawpit machte ich eine letzte Pause, bevor ein 15 km langer Anstieg Richtung Telluride zu bewältigen war. Die Landschaft war traumhaft: Vor mir erhoben sich rote Felsen und in der Ferne wieder schneebedeckte Gipfel. Die Straße entlang des San Miguel River war recht belebt, da Telluride ein beliebter Touristenort und nur von einer Seite zugänglich ist. Mit Ausdauer und viel Schweiß schaffte ich es und erreichte Telluride. Hier konnte man für 15 Dollar am Rand des Stadtparks zelten. Duschen waren vorhanden. Der Zeltplatz lag 2650 m hoch – mein höchstgelegenes Camping-Erlebnis! Am späten Nachmittag radelte ich noch einmal ohne Gepäck durch die Stadt und fand sie sehr ansprechend. Mir fiel auf, dass es die typischen Geschäfte wie Filialen der Fastfood-Ketten oder Läden für Autozubehör hier nicht gab. Im Sommer ist der Ort ein Paradies für Mountainbiker, im Winter gibt es in dieser Gegend mehr Extrem-Skipisten als in Aspen oder Boulder. Noch nie auf meiner Reise hatte ich so viele Radfahrer gesehen. Oberhalb der Stadt führte ein Schotterweg im Zickzack zum berühmten Bridalveil-Wasserfall. Am nächsten Tag stand mir noch ein weiterer Pass bevor, bevor ich mich nach langer Bergabfahrt in den Südwesten von Colorado von den Rocky Mountains würde verabschieden müssen.

Mittwoch, 22. Mai 2013 / 40. Etappe: Telluride, CO – Dolores, CO (113 km)

Im Jahr vor meiner Reise bekam ich zu Weihnachten ein tolles Geschenk von der 11-jährigen Manon. Sie hatte ein 3D-Bild gebastelt, auf dem ein Radler mit roten Packtaschen vor der Kulisse der Rocky Mountains zu sehen war. Stand schon damals fest, dass dieser Abschnitt der schönste, prägendste oder zumindest zentrale Teil meiner Reise sein würde? Doch die Wehmut mischte sich mit Vorfreude auf Utah, einen weiteren spektakulären Staat. – In der Nacht kratzte die Temperatur am Gefrierpunkt. Als die Sonne hoch genug stand, um das Zelt zu erreichen, kroch ich heraus. Bis ich reisefertig war, war es 9 Uhr und strahlend sonnig. Normalerweise ist der Südwesten Colorados eher verregnet, aber ich schien eine günstige Großwetterlage erwischt zu haben. Noch in Telluride überholte mich eine Radlerfamilie aus Belgien. Die Eltern waren mit einem Kleinkind, das im Anhänger gezogen wurde, von Las Vegas nach Kanada unterwegs. Ich war froh, außerhalb der Stadt zunächst ein paar Kilometer zum Einrollen zu haben, denn als ich Highway 145 erreichte, begann ein 3 km langes und 8-10% steiles Stück bergauf. Überhaupt schien mir diese vorerst letzte hohe Passfahrt die schwierigste zu sein, auch wenn die absolute Höhendifferenz zwischen Start und Passhöhe geringer war. Auf 19 km waren ungefähr 500 Höhenmeter zu überwinden, aber durchsetzt von einer nicht unerheblichen Gefällstrecke mittendrin, und die verlorenen Höhenmeter mussten erneut erklommen werden. Oft kroch ich mit nur 6 km/h in der merklich dünneren Luft den Berg hinauf. Insgesamt brauchte ich über 2 Stunden, bis ich den 3116 m hohen Lizard Head Pass erreicht hatte. Das Panorama war traumhaft und entschädigte für alle Mühen. Bergauf wusste ich immer, wofür ich kämpfte. Bei einer Abfahrt wie dieser kam dagegen eher Frust auf: Gleich nach dem Pass begann eine 5 km lange Strecke mit Rollsplitt. An deren Ende wurde der Verkehr wegen laufender Bauarbeiten einspurig organisiert. Der *Flagger*, bei dem ich warten musste, fegte meine Sonnenbrille von der Lenkertasche, sodass eines der Brillengläser zerbrach. Seine Kollegen weiter unten ignorierten den Hinweis auf mich, mit der Folge, dass ich mich auf einmal dem Gegenverkehr samt Staub und Teergestank ausgesetzt fand. Als dies überstanden war, blies mich der kräftige Südwestwind fast den Berg wieder hinauf. Auf jeden Fall war ich überzeugt, dass die letzten Kilometer vor Rico in umgekehrter Richtung (bergauf) schneller vergangen wären. Auch Rico hatte so einen kleinen Laden, in dem es fast alles gab, nebst Tankstelle und Imbissbude. Dort erstand ich umgehend eine neue Sonnenbrille und gönnte mir die erste lange Pause nach 47 Kilometern. Angesichts des Windes informierte ich meinen heutigen Gastgeber, dass ich später als verabredet kommen würde. Doch dann wurde der Wind spürbar angenehmer, abgesehen von wenigen üblen Böen. Die Landschaft entlang des Dolores River war absolut schön, und ich kann gut verstehen, warum die ACA sich für diese Route in den südwestlichen Winkel Colorados entschieden hat anstatt hinter Montrose weiter dem Highway 50 zu folgen. Dass ich tatsächlich noch vier Stunden von Rico nach Dolores benötigte, lag daran, dass ich nur zwei Kilometer vor Dolores den zweiten Platten dieser Reise hatte. Ich hatte den Reifen in Montrose schlecht aufgezogen; der Schlauch war an einer Stelle verdreht. Ich wollte diesen Mangel ohnehin in Dolores beheben, weil das Rad eierte. Nun hatte sich das Problem gelöst – wieder einmal hatte ich unglaubliches Glück, dass dies erst hier passierte und ich die Reparatur unter dem Verandadach eines Arztgebäudes vornehmen konnte. Bis zum Haus von Dave und Belinda waren es noch knapp sechs Kilometer. Sie wohnten an einer ungeteerten Hinterlandstraße. Beide waren Rentner und liebten Aktivitäten in freier Natur. Sie hatten 2008 die USA von West nach Ost per Rad durchquert und im Jahr darauf eine Radtour von Athen nach London unternommen. Außerdem fuhren sie gern Kajak, und ein besonders schönes dieser Boote hatte Dave selbst gebaut. Eine halbe Stunde nach mir erschien noch ein weiterer Langstrecken-Radler: Jay aus Seoul in Südkorea durfte ebenfalls hier übernachten. Er war von New York nach Los Angeles unterwegs, ziemlich planlos bezüglich des Landes, aber sehr sympathisch. Es war eine gemütliche Runde, und Belinda bereitete ein tolles Abendessen für uns, bevor sie für Jay den Weg nach Las Vegas ausarbeitete.

Donnerstag, 23. Mai 2013 / 41. Etappe: Dolores, CO – Monticello, UT (98 km)

Heute gab es das beste Frühstück der gesamten Reise! Belinda servierte Kürbisbrot, Frikadelle mit Rührei, und Jogurt mit gemischten Beeren. Im Gegensatz zu gestern war diesmal die erste Hälfte der Fahrt einfach und dann begann der Kampf. Der Wind blies schon morgens um 8 Uhr recht frisch aus Südost, aber da es zunächst nach Nordwesten ging, war er eine willkommene Hilfe. Jay brach gleichzeitig mit mir auf, und es stellte sich heraus, dass er auch das gleiche Ziel hatte, aber noch auf Antwort von Brian, meinem heutigen Gastgeber, wartete. Wir fuhren einzeln, jeder im eigenen Rhythmus. Es war warm genug, um im T-Shirt zu fahren. Die Berge waren in der Ferne rechts hinter mir noch zu sehen, aber nun führte Highway 191 durch die westlichen *Foothills*. Es gab einige Hügel, aber insgesamt ging es mehr bergab als bergauf. Nach 15 Kilometern trank ich noch einen Cappuccino und aß einen Snack, weil auf den nächsten 40 Kilometern kein Ort mehr an der Straße lag. Der Wind hatte ständig zugenommen und auf SSW gedreht. Als ich Dove Creek erreichte, stärkte ich mich ausgiebig, denn nun bog die Straße um etwa 20° nach links, sodass ich den Wind von der Seite erwartete. Ich war sehr froh über den breiten Seitenstreifen, denn es war manchmal wirklich schwierig, die Balance zu halten, wenn entweder eine Bö mich fast von der Straße blies oder der Sog eines überholenden Trucks mich auf die Fahrbahn zu ziehen drohte. Ein paar Grad Änderung machten schon viel aus – mal ging es wieder flott, mal musste ich ordentlich treten. Am Himmel war keine Wolke zu sehen. Dass es dennoch diesig zu sein schien, lag am Staub und Sand, den der bodennahe Sturm über das flache, nur von wenigen kleinen Canyons durchsetzte Land wehte. Nur im Westen erhob sich ein einzelnes Bergmassiv. Nach 71 Kilometern erreichte ich Utah, meinen zehnten US-Staat auf dieser Reise. Der Sturm nahm weiter zu. Sechs Kilometer vor Monticello machte die Straße nochmals einen winzigen Knick, führte nun genau nach Westen. Nur wenn links ein paar Bäume standen, war es einfacher. Obwohl es sich immer noch eher um Seiten- als um

Gegenwind handelte, benötigte ich für dieses letzte Stück 50 Minuten! Ich glaube, ich war noch nie in so starkem Sturm geradelt. Überall war Staub in der Luft, und am Ortseingang von Monticello raste ein Sandsturm von links nach rechts über die Straße. Ich hatte Jay an der Staatsgrenze eingeholt, aber inzwischen war er lange vor mir angekommen. Da noch drei Stunden Zeit waren, bevor mich Brian erwartete, ging ich zunächst zur Bank. Erstmals wusste der Mitarbeiter sofort, wie man Reiseschecks einlöst! Vor der Bibliothek setzte ich mich etwas windgeschützt mit dem Laptop auf eine Bank, aber Sand flog dennoch durch die Luft. Monticello, eine Kleinstadt mit etwa 2000 Einwohnern, war angeblich stark von der Mormonen-Kultur geprägt. Mir fiel allerdings nichts Besonderes auf. Um halb sechs fuhr ich zu Brians Haus, und Jay kam kurz nach mir, nachdem er Brians Antwort erhalten hatte. Die Dusche diente mir vor allem dazu, den Sand loszuwerden – geschwitzt hatte ich kaum, dank des Sturms. Brian war vor drei Jahren aus Oregon nach Monticello gezogen und arbeitete in der Forstverwaltung, genauer gesagt, in der Abteilung für die Bekämpfung von Buschbränden. Er gestaltete gerade sein Haus um und hoffte, es dann leichter wieder verkaufen zu können, um möglichst bald zu seiner Frau nach Oregon zu ziehen. Zum Abendessen gab es Fisch (Talapia) mit Reis und roten Bohnen, sehr zur Freude von Jay. Anschließend hatten wir zu dritt ein gutes Gespräch über alles Mögliche – auch über Politik, auch über Korea!

Freitag, 24. Mai 2013 / 42. Etappe: Monticello, UT – Moab, UT (96 km)

Jay war bereits vor Sonnenaufgang verschwunden – er hatte eine 94-Meilen-Etappe geplant und wollte Blanding erreichen, bevor der Südwind wieder so stark würde. Ich verließ kurz vor Brian das Haus, gegen 7 Uhr, und es war noch schön frisch. Etwa eine Stunde später verließ ich Monticello. Das erste Viertel war sehr einfach, denn es ging mit Rückenwind bergab. Dann wurde es immer hügeliger. Einige Meilen links von mir lag der Canyonlands National Park, aber auch am Highway entsprach die Landschaft mehr und mehr dem typischen Utah-Klischee. Begegnete mir gestern noch relativ viel Landwirtschaft, vor allem in Form von Bohnen-Anbau, wurden jetzt die Canyons zunehmend tiefer, die Felsformationen höher und bizarrer. Dennoch bestimmte nicht nur Terrakotta, sondern auch sattes Grün der Nadelbäume das Farbenspektrum. Nach 48 km stoppte ich am *Wilson Arch*, dem ersten riesigen Felstor dieser Reise. Der Verkehr im Allgemeinen und speziell die Zahl der Touristen auf der Straße nahm auffallend zu, je näher ich Moab kam. Auf dem meist breiten Seitenstreifen störte mich das kaum, abgesehen von den Abgasen. Ein weiterer Rastplatz für Touristen war *Hole in the Rock*. Hier hatten Pioniere einst eine Kneipe in einem Felsloch gebaut. Heute standen hier zusätzlich Skulpturen, und ein kleiner Zoo und Souvenirläden warteten auf Kunden. Lange Gefällstrecken wechselten sich mit fast ebenso langen Steigungen ab. Durch die Weite der Landschaft waren Entfernungen und Steilheit schwer zu schätzen. Der Wind blies bei weitem nicht so stark wie gestern, meist aus Süden, am Nachmittag mehr auf West drehend. Ich erreichte schon gegen 13 Uhr die Außenbezirke von Moab, wo meine heutige Gastgeberin Teri Ann wohnte. Sie hatte vorgestern angerufen und mir erklärt, dass ich mein Gepäck in einem ausrangierten Schulbus auf ihrem Grundstück abstellen könne. Dies tat ich auch und fuhr anschließend die 6 km Richtung *Downtown*. Im Gegensatz zu den Touristenorten in Colorado wirkte Moab auf mich eher abstoßend. Das lag vor allem am Verkehrslärm und den Abgasen, die die heiße Luft entlang der vierspurigen Hauptstraße zusätzlich belasteten. Viel Gehupe deutete auf viele Touristen hin, darunter waren auch ein paar Deutsche. Ich nutzte die Zeit zum Essen, zum Tagebuchschreiben, zur Beseitigung einer Acht im Hinterrad und zum Kauf eines weiteren Ersatzschlauchs. Gegen 18 Uhr wollte Teri Ann zuhause sein, doch sie ließ sich nicht blicken. Ich bestaunte derweil das etwas chaotische, aber sehr lebendige Grundstück. Überall standen kleine Kunstwerke, Skulpturen aus Holz, Stein und Metall, Sammlungen von besonderen Steinen oder Tierknochen, ausrangierte Sessel und vieles mehr – alles etwas hippiemäßig. Teri Ann tauchte schließlich gegen halb zehn auf, weil sie Überstunden machen musste. Nachdem sie den alten Schulbus an die Stromversorgung angeschlossen und einen Hintereingang geöffnet hatte, um Durchzug zu ermöglichen, wurde die Temperatur erträglich. Nachdem ich endlich auch duschen konnte, errichtete ich mein Nachtlager auf einer Pritsche im Bus.

Sonntag, 26. Mai 2013 / 43. Etappe: Moab, UT – Arches N. P. – Moab, UT (90 km)

Der Samstag war mein freier Tag. Ich hatte bei Teri Ann gleich für zwei Tage angefragt, weil ich von Moab aus ohne Gepäck den Arches-Nationalpark besuchen wollte und außerdem hoffte, hier das erste rein deutsche Finale der UEFA-Champions-League entweder per Internet oder im TV sehen zu können. Da das Fußballspiel nach hiesiger Zeit mittags begann, verschob ich den Nationalpark auf Sonntag. Leider gab es im Wohnzimmer keinen Fernseher, und per Livestream konnte ich nur den Ton der Übertragung empfangen. Das war mir zu blöd, also verzichtete ich auf Fußball. Am Nachmittag fuhr ich lediglich einmal in die Stadt, um einzukaufen und Post loszuwerden. Meine 50-jährige Gastgeberin musste arbeiten und kam erst gegen halb neun heim, nahm sich dann aber Zeit, uns ein leckeres Abendessen aus einer Artischocke, einem frischen Salat und Tortillas mit Cheddar-Käse zuzubereiten, das wir auf der Terrasse im Schein des gerade über dem La Sal Mountain aufgehenden Vollmondes einnahmen. Wir redeten noch eine ganze Weile, und ich freute mich, dass Teri Ann mir gestattete, noch einen weiteren Tag zu bleiben. Am Ende genoss ich es, bei offener Bus-Hintertür in meinem Schlafsack mit Blick auf die Felswände des Moab Canyon einzuschlummern.
Am Sonntag piepte der Wecker um 5 Uhr. Ich machte mir zwei Tassen Kaffee, frühstückte, und saß bereits bei Sonnenaufgang um 6 Uhr im Sattel in Richtung Arches-Nationalpark. 40 Minuten später hatte ich dessen Einfahrt erreicht, und erst nachdem ich die Serpentinen oberhalb des Besucherzentrums erklommen hatte, traf mich der erste Sonnenstrahl des Tages. Die Entscheidung, so früh hier zu sein, hatte

ich hauptsächlich getroffen, um der schlimmsten Hitze zuvorzukommen. Aber auch wegen des Morgenlichtes stellte sich die Entscheidung als klug heraus. Der Arches-Nationalpark bietet eine wohl einmalige Ansammlung bizarrer, einzeln stehender hoher Felsen oder Felsgruppen sowie Felsbögen, die im Laufe von Millionen Jahren entstanden sind. Weicheres, salzhaltiges Gestein wurde durch einen geringen Säuregehalt im Regenwasser aufgelöst, Felsstücke fielen. heraus. Erosion besorgte den Rest, und dieser Prozess dauert nach wie vor an. Im Morgenlicht wirkte alles noch beeindruckender, und ich hätte Hunderte Fotos machen können… Die Natur zeigte hier eindrucksvoll ihre Macht, und ich als Mensch fühlte mich unbedeutend, vor allem, weil ich per Fahrrad diese bizarren Riesen passierte. Die Straße überwand viele Steigungen und Gefällstrecken, und die einzelnen Sektionen des Parks waren viele Kilometer voneinander entfernt. Ich hielt mich einige Zeit im Abschnitt *The Windows* auf, wo einige der schönsten *Arches* standen. Es wurde immer voller. Wegen des morgigen Feiertages nutzten viele Amerikaner das lange Wochenende für einen Ausflug. Aber auch ganze Busladungen voller Deutscher und Japaner tauchten gegen zehn Uhr auf, als ich weiterfuhr Richtung *Delicate Arch*. Dies ist wohl der berühmteste von allen, ein Wahrzeichen für ganz Utah, das sogar auf Autokennzeichen dieses Staates abgebildet war. Auf dem Parkplatz, an dem der Fußweg dorthin begann, herrschte ein furchtbares Gedränge. Ich tat mir das nicht an und wählte eine viel schönere Alternative, nämlich einen etwa einen Kilometer langen Pfad zu einem Aussichtspunkt, der durch einen bezaubernden Canyon vom *Delicate Arch* getrennt ist und auf dem nur wenige Touristen verkehrten. Eigentlich wollte ich noch bis in die Sektion *Devil's Garden* weiterfahren, wo unter anderem der spektakuläre *Landscape Arch* stand. Dessen Spannweite betrug mehr als 90 Meter, aber an der dünnsten Stelle war er weniger als zwei Meter dick! Doch die aufkommende Hitze und die Menschenmassen hielten mich davon ab. Das war verschmerzbar, weil ich vor 20 Jahren schon einmal dort gewesen war und mir der Verzicht außerdem je 12 Kilometer Hin- und Rückweg ersparte. So machte ich mich auf den Rückweg, besuchte noch das *Visitor Center* und radelte dann zurück ins 32 Grad heiße Moab. Ich war erstaunt, dass 90 Kilometer zusammengekommen waren, denn ohne Gepäck war das gar nicht so anstrengend. Zum Glück wehte wieder ein frischer Wind, und die Luftfeuchtigkeit war in dieser Gegend mit unter 20% allgemein sehr niedrig. Meine Gastgeberin sah ich nicht mehr. Sie hatte auch heute in einem ihrer beiden Jobs gearbeitet, war anschließend selbst mit dem Mountainbike unterwegs und kam erst heim, als ich schon im Schlafsack lag.

Montag, 27. Mai 2013 / 44. Etappe: Moab, UT – Green River, UT (95 km)

Ich hatte in den letzten Tagen einiges über die normale Wetterlage zu dieser Jahreszeit gelernt. Meistens wehte der Wind morgens relativ schwach aus Süd, wurde im Tagesverlauf immer stärker und drehte auf West. Also startete ich erneut früh (7:15 Uhr). Die frische Morgenluft erleichterte diese Entscheidung zusätzlich. Meine erst vor drei Wochen gekauften Ersatzschuhe ließ ich im Bus zurück, um Platz zu schaffen – ab jetzt war es wichtig, viel Wasser mitzunehmen. Zunächst ging es wieder nach Moab hinein, nördlich davon wieder hinaus und danach mehrere Kilometer aus dem Tal des Colorado River auf ein Plateau hinauf. Erfreulicherweise gab es auf einer Länge von fast 15 km einen recht neuen, hervorragenden Radweg. Dieser war teilweise mehrere hundert Meter vom Highway entfernt. Highway 191 war meist nur zweispurig, und die Breite des Seitenstreifens variierte zwischen 0 und etwa 100 cm. Es war einer der meistbefahrenen Abschnitte überhaupt, bedingt vor allem durch Wochenend-Rückreiseverkehr. Heute war ein landesweiter Feiertag, *Memorial Day*, zum Gedenken an die in Kriegen gefallenen Soldaten. Ich war froh, als ich nach 61 Kilometern diesen Abschnitt hinter mir hatte. Noch froher war ich, dass dort im Nichts an der Einmündung zur *Interstate* 70 eine Servicestation war. So konnte ich dort einen Imbiss einnehmen und meine mitgeführten Wasservorräte für später aufbewahren. Überall huschten kleine Echsen über den Boden.

Die Landschaft war ganz anders als südlich von Moab. Statt roter Felsen überwog nun heller Sandstein, und die Straße verlief auf einer Art Hochebene, mit merklichem Abstand zu den Bergen, am Rand der Wüste. Mangels Alternative durften Radfahrer sogar auf der I-70 verkehren! Der Seitenstreifen war so breit wie eine Fahrbahn und machte dieses Experiment ungefährlich. Die größte Gefahr ging von geplatzten Autoreifen aus. So etwas kam etwa einmal pro Meile vor. Fies waren dabei kleine Drähte in den Reifen, die leicht einen Fahrradreifen aufschlitzen konnten. Man sollte sie also besser beachten und umfahren. Da ich auf den folgenden 30 Kilometern mit Gegenwind rechnete, hatte ich erstmals meinen mp3-Player während der Fahrt angeschaltet und mich für Rockmusik entschieden. Es gibt kaum etwas Besseres, als eine Radtour auf einer *Interstate* in Utah mit „Free Electric Band“ von Albert Hammond in voller Lautstärke zu beginnen… Ich war ebenfalls voll aufgedreht und sang kräftig mit. Außerdem ging es immer leicht bergab, und der Wind wehte eher seitlich als von vorn. Die Vernunft bestimmte die Länge (bzw. Kürze) der Etappe. Ich war schon um 12:15 Uhr am Ziel, der Kleinstadt Green River am gleichnamigen Fluss. Dieser Ort ist wahrlich eine Oase. Selbst Autofahrer wurden gewarnt: „No Services for 110 miles!“. Also keine Dienstleistungen wie Tankstellen, Motels oder Imbissbuden Richtung Westen auf 177 Kilometern! Richtung Südwesten hätte ich über eine Abzweigung einen Ort namens Hanksville „schon“ nach knapp 100 Kilometern erreichen können. Aber das wäre für mich bei Gegenwind heute nicht zu schaffen gewesen. Nun zum Teil „Unvernunft“: Als ich das gebuchte Motel *Book Cliff Lodge* sah, bekam fast ich einen Schock. So stellte ich mir übelste DDR-Absteigen vor. Außerdem irritierten mich die vielen *Vacancy*-Schilder bei anderen Motels, die im Internet gar nicht zur Auswahl standen. All die Ratschläge, dass man für den *Memorial Day* vorbuchen sollte, waren offenbar übertrieben. Mit Wayne, dem Manager des *Budget Inn*, kam ich ins Gespräch. Er war sehr freundlich und ließ mich gleich die Räume ansehen, obwohl ich sagte, dass ich bereits woanders gebucht hätte. Ich beschloss, beim wie ein Schlot qualmenden Manager der *Book Cliff Lodge* um Stornierung zu bitten.

Da meine Reservierung aber über einen Online-Dienst erfolgt war, wurde kategorisch abgelehnt. Aus einem der Zimmer drang sehr laute Musik. Ich beschloss spontan, notfalls die 55 Dollar für *Book Cliff* abzuschreiben, falls der Online-Dienst meine freundliche E-Mail ignorieren sollte, und checkte bei Wayne ein. Dieser gab mir sogar noch drei Dollar Rabatt, sodass mich die Übernachtung nur 45 Dollar kostete, aber bei wesentlich besserer Qualität. Ich glaube zwar, dass hier seit mindestens zwanzig Jahren nicht renoviert wurde (wenn ich mich nicht irre, hatte ich damals in genau diesem Haus genächtigt!), aber wenigstens war es sauber und hatte einen Kühlschrank.

Dienstag, 28. Mai 2013: Green River, UT – Hanksville, UT (Etappe 45 / 93 km)

„Ich will nach *California*!" – Es war etwas paradox: Ein Arbeitskollege schrieb mir, dass ich auf ihn einen mental starken Eindruck machte – und am gleichen Tag hatte ich erstmals echte Zweifel, wie ich das alles schaffen sollte. Wenn mich heute jemand gefragt hätte: „Soll ich dich mit meinem *Pickup* zum Mono Lake bringen?", hätte ich vermutlich ja gesagt. Die heutige Etappe erschien mir wie ein Vorgeschmack auf das, was ich für die kommende Woche noch schlimmer erwartete. Aber vielleicht würde sich meine Stimmung ja wieder ändern, zum Beispiel, wenn der Wind einmal drehen sollte. Heute *musste* ich auf jeden Fall Hanksville erreichen. Der Abschnitt zwischen Green River und Hanksville war unbewohnt, und der nächste Ort dahinter war schon wieder zu weit entfernt, als dass ich es bei diesen Bedingungen dorthin hätte schaffen können. Ich wollte um 6 Uhr aufbrechen. Es wurde dann halb sieben, weil Wayne, noch im lumpigen Bademantel gekleidet, extra für mich das kostenlose Motel-Frühstück eine Stunde früher als sonst bereitgestellt hatte und noch (oder besser gesagt: schon) in Schwatz-Laune war. Der Himmel war bewölkt, es war fast windstill und 16°C mild. Auf der *Interstate* 70 war es sehr still. Auf den 19 Kilometern, die ich dort fuhr, überholten mich weniger als 30 Autos (und das morgens zur angeblichen

Rush Hour!) – ein Beweis dafür, wie einsam diese Gegend ist. Dann zweigte Highway 24 links ab. Vor mir lagen noch gut 70 Kilometer gegen den Wind. Es musste etwas geregnet haben, denn es roch nach feuchter Erde. Als ich insgesamt 35 Kilometer geschafft hatte, begann der Wind sein tägliches Spiel. Zuvor war er noch relativ schwach gewesen, aber nun wurde er ungemütlich – nicht konstant stark, aber mit fiesen Böen und kontinuierlich zunehmend. Nach der Hälfte meiner Tagesstrecke rastete ich. Das Rad lehnte an einem Begrenzungspfahl, der Hinterreifen noch auf dem Asphalt, der Vorderreifen leicht im Gestrüpp. Dabei fing ich mir unbemerkt einen Dorn ein, und beim Weiterfahren entwich langsam die Luft. Zum Glück handelte es sich nur um einen einzelnen Stachel, der auch gleich zu sehen war – bei dem Rauschen des Windes hätte ich das Loch unmöglich durch Horchen lokalisieren können, und Wasser wollte ich möglichst nicht verschwenden. Die Landschaft wurde erst gegen Ende wieder interessanter, als ein paar Bryce-Canyon-artige Felsen erschienen – möglich, dass mir das alles bei Sonnenschein besser gefallen hätte. Die Bewölkung hielt wenigstens die Temperatur in gut erträglichem Rahmen, und wegen des Windes schwitzte ich kaum. Doch heute konnte mich selbst flotte Musik (Rock, *Speedfolk* und Bluegrass) nicht in Stimmung bringen. Die Wüste war durchaus ganz spannend, wenn man mal durchfuhr, aber ehrlich gesagt reichte sie mir schon. Ich wollte wieder Grün und lieber rote Felsen und Wasser um mich haben. Eine bis zwei weitere Etappen in der Wüste wären mir egal gewesen. Aber mir standen in Utah noch zwei knüppelharte Steigungen bis auf etwa 3000 Höhenmeter bevor, und nächste Woche würde ich in Nevada wohl nichts als Wüste haben. Sollte der Westwind anhalten, wusste ich nicht, wie ich das schaffen sollte. – Nach 60 Kilometern Gegenwind erreichte ich Hanksville schließlich gegen 13:45 Uhr, und ich schlug mein Zelt auf dem örtlichen, recht einfachen *Redrock Campground* auf. Nachdem dies erledigt war, gingen immer wieder Schauer nieder – mein erster Regen seit acht Tagen (wenn ich nur den Niederschlag berücksichtige, der während der Fahrt fiel, dann war der letzte Tropfen sogar 14 Tage her). Ab und zu war es auch mal winstill, und dann kamen die kleinen Plagegeister (*Midges*) heraus. Ein Restaurant namens *Slickstone Grill* war dem Campingplatz angegliedert, und am Abend genehmigte ich mir dort ein richtig gutes Essen – auch deshalb, weil das viele Wassertrinken bei vergleichbar wenigem Essen wieder zu diversen Toilettenbesuchen geführt hatte…

Mittwoch, 29. Mai 2013 / Etappe 46: Hanksville, UT – Torrey, UT (81 km)

Obwohl meine Bedenken wegen der nächsten Tage unverändert bestanden, war meine Stimmung heute deutlich besser. Das hatte gleich mehrere Gründe: 1. Mich umgab keine richtige Wüste mehr, denn das Auge sah relativ viel Grün und auch Wasser. 2. Die Sonne schien. 3. Ich durchfuhr nicht mehr eine weite Landschaft, sondern befand mich in einem hübschen Tal, das später in einen spektakulären Canyon überging. 4. Die Straße war kurvenreich, bot also Abwechslung und manchmal auch Windschutz.

In Monticello war ich von der *Western-Express*-Route abgewichen, um den Arches-Nationalpark besuchen zu können – in Hanksville traf ich wieder auf sie. Ich startete um 6:30 Uhr bei kühlen 10°C. Der Wind kam mir zwar schon entgegen, war aber noch schwach. Highway 24 führte nach Westen durch das Tal des Fremont River. Dieser war inzwischen mehr ein Rinnsal als ein Fluss, denn er führte äußerst wenig Wasser. Kein Wunder, wenn man das viele Grün entlang der Straße sah. Es gab hier ein paar Bauern, die Ackerbau und Rinderzucht betrieben und vermutlich eine Menge Wasser abzweigten. Nach 30 Kilometern erreichte ich ein paar einzelne Häuser, darunter ein Motel. Hier konnte ich sogar Kaffee und andere Getränke kaufen. Inzwischen war es warm genug, um die Jacke abzulegen. Sechs Kilometer weiter ging es steil bergauf und gleich wieder bergab zum Fluss, in dessen Nähe die Straße nun kontinuierlich leicht anstieg. Die Felsen wurden immer interessanter. Im weiteren Verlauf erreichte ich den Capitol Reef National Park. Hier prägt nicht eine bestimmte Art der Felsformationen das Bild, sondern die Vielfalt der geologischen Schichten und der unterschiedliche Fortschritt von Verwitterung und Erosion. Die Straße verlief parallel zu einer gewaltigen Erdverwerfung, mit hohen Wänden auf der Nordseite. Einige Seitenstraßen zweigten ab und führten zu sehenswerten Stellen des Parks, aber ich blieb auf dem Highway, was schon spektakulär genug war. Mir kam Jean-Pierre aus Montréal in Kanada entgegen. Er fuhr von San Francisco per Fahrrad nach Hause. Überhaupt hielt ich oft an, meistens zum Fotografieren. Einmal wurde ich von Mary und Scott aus Cedar City gestoppt, deren Auto am Straßenrand stand. Ohne dass ich besonders bedürftig aussah, schenkten sie mir eine gekühlte Dose Cola! Getränke konnte man hier nie genug kriegen, obwohl es angenehm kühl war. An einer Stelle gab es Felszeichnungen zu sehen. Nahe dem *Visitor Center* ist es im Tal noch grüner als sonst: Hier hatten Mormonen vor etwa 125 Jahren Obstplantagen angelegt und eine Siedlung gegründet, die sie sinnvollerweise „Fruita" nannten. Ein paar Wochen später hätte ich hier kostenlos von den reifen Kirschen, Pfirsichen oder Aprikosen essen dürfen. Auch im *Visitor Center* hielt ich mich kurz auf. Nun waren noch 19 Kilometer zu absolvieren, und die wurden zur Quälerei. Der Wind hatte wieder seine Mittagsstärke erreicht, und da sich der Canyon weitete, bekam ich seine volle Macht von vorn zu spüren. Dazu ging es 4 Kilometer mit 8% bergauf, und es stank nach Teer, weil gerade die Straße erneuert wurde. Eine Fahrbahn war noch unbehandelt, und sie sah auch gar nicht erneuerungsbedürftig aus. Ich fragte mich nach dem Sinn dieser Maßnahme – das Geld könnte viel sinnvoller verwendet werden. An einem Aussichtspunkt stand auf einer Tafel, dass in dieser Gegend bei normalen Bedingungen die beste Fernsicht in den gesamten USA herrscht – bis zu 230 Kilometer weit! In Torrey, dem letzten Ort vor einer 37 Kilometer langen Steigung, hatte ich am Sonntag versucht, ein Bett in einer Herberge mit Campingplatz zu reservieren, die auf der ACA-Karte angegeben war. Ich erreichte den *Sand Creek RV Park* gegen 14.30 Uhr. Es stellte sich heraus, dass sie den Herbergsbetrieb eingestellt hatten, aber ich bekam für 33 Dollar einen Familienraum für mich allein. Wieder merkte ich, dass Vorausbuchungen nicht sein mussten, selbst wenn der Ort nah an einem Nationalpark lag. Fünfeinhalb Stunden reine Fahrzeit bedeuteten einen Schnitt von nur etwa 15 km/h, allerdings hatte ich fast 700 Höhenmeter gewonnen und befand mich nun wieder oberhalb von 2000 Metern Meereshöhe. Der Westwind war schon wieder fast ein Sturm. Torrey nahm am Programm *Arbor City USA* teil und wirkte grün und einladend.

Donnerstag, 30. Mai 2013 / 47. Etappe: Torrey, UT – Escalante, UT (110 km)

Wenn es vorgestern tatsächlich zu einer Mitfahrgelegenheit nach California gekommen wäre, hätte ich vielleicht nicht gewusst, was mir entgangen wäre – aber wenn doch, hätte ich es bitter bereut! Landschaftlich war diese Etappe das bisherige Highlight! – Vor dem ersten Teil hatte ich gehörigen Respekt. Von Torrey aus sollte es 37 Kilometer bergauf gehen, und laut der ACA-Karte enthielt dieser Abschnitt drei Passagen, die steiler dargestellt waren als alles Bisherige. Etwas Koffein-Doping hielt ich für sinnvoll, und so musste ich mit dem Aufbruch von der Kreuzung der Highways 24 und 12 bis 7:15 Uhr warten, denn vorher gab es in Torrey nirgendwo Kaffee. Es herrschte wieder einmal strahlender Sonnenschein bei kühlen 7°C, doch es wurde schnell wärmer. Zum Glück gab es – ähnlich wie neulich bei Telluride – ein paar Kilometer auf relativ flachem Terrain zum Einrollen, bevor es nach 14 Kilometern recht heftig zur Sache ging. Der Wind blies schon morgens viel stärker als gestern. Zunächst wehte er zu meinem Vorteil aus Nordwesten, während ich vorwiegend in südlicher Richtung fuhr. Die Landschaft war viel grüner als alles, was ich bisher in Utah gesehen habe. Die Steigung fiel mir leichter, da ich mich an dem herrlichen Bergwald erfreuen konnte. Neben vielen Kiefern standen hier oben sogar Birken in frischem Grün. Auch die Fauna hatte sich geändert: Ich sah keine Echsen mehr, dafür wieder Erdhörnchen (*Squirrels*) und Kaninchen. Sogar vier Murmeltiere bekam ich zu Gesicht. Vielleicht hatten sie ja meinen langjährigen Reisebegleiter entdeckt: Ein kleines Plüsch-Murmeltier lugte aus meiner Rückentasche. Der Blick zurück nach Nordosten war atemberaubend! All die verschiedenen Gesteinsschichten und deren Formationen lagen mir zu Füßen! Nach 25 km hatte ich laut Karte die schwierigsten Passagen geschafft. Es war nicht so schlimm wie die Karte befürchten ließ. Ich vermute, dass die Steigung meistens 8% betrug, manchmal vielleicht 10%. Der Schweiß tropfte dennoch mit dem Nasenrotz um die Wette. Weiter oben gab es sogar ein paar kurze Passagen mit Gefälle. Nach 40 km hatte ich den 2925 m hohen namenlosen Pass erreicht. Nach einer kleinen Mulde ging es nochmals kurz bergauf zu einem Aussichtspunkt, von dem aus man einen unglaublichen Blick auf die Landschaft westlich des Gebirgszuges hatte. Der Bergwald war auf der Westseite nicht mehr so dicht, und weiter unten waren die Stufen dieser weiten Landschaft erkennbar, geformt von Wind und Wasser, durchzogen von Canyons. Ich ahnte noch nicht, was das für mich bedeuten sollte… Leider war im Westen auch ganz deutlich eine Rauchwolke zu sehen, vermutlich eine Tagesetappe weiter. Da nützten auch die Schilder „Fire Danger: Moderate“ nichts. Meine Horrorvorstellung war, dass irgendein gedankenloser Tourist im Bryce-Canyon-Nationalpark an einem Lagerfeuer oder mit einer Zigarette nicht aufgepasst hatte – die Richtung stimmte jedenfalls… Nun ging es zwanzig Kilometer bergab nach Südwesten, wobei der Westwind mich spürbar bremste. Im kleinen Ort Boulder aß ich nach 64 Kilometern ein warmes Sandwich mit Salat. Nun folgte der spektakulärste Anblick der bisherigen Reise (abgesehen vielleicht von den Arches): Die Straße wand sich etwa fünf Meilen hinauf auf einen schmalen Bergrücken namens *The Hogback*, von dem das Gelände zu beiden Seiten steil abfiel. Hier sollte man als Radfahrer schon einigermaßen schwindelfrei sein. Aber auch Motorradfahrer hatten hier heute ihre Mühe, denn der Wind wurde zum Sturm, der von schräg rechts hinten tobte. Es war kaum möglich, die Kamera still zu halten. Ein Paar aus Flagstaff, Arizona, schenkte mir eine Scheibe von einer kühlen Ananas. Ein Schild wies auf Gefälle bis zu 14% hin, und tatsächlich musste ich sechs Kilometer steil bergab navigieren, in den Calf Creek

Canyon, den ich von oben schon bewundert und fotografiert hatte. Kurz danach wurde der Escalante River überquert, und nun ging es wieder kräftig bergauf. Einmal blies mir der Wind an einer besonders steilen Stelle ins Gesicht, sodass ich erstmals seit Missouri wieder das Rad schob. Aber schon nach 250 Metern hielt ich an einer Haltebucht mit fantastischer Aussicht. Dort erhielt ich schon wieder ein Geschenk: Ein Paar aus Columbia, South Carolina, war von meiner Reise beeindruckt und schenkte mir eine Halbliterflasche Wasser. Die Steigung erstreckte sich über insgesamt etwa sechs Kilometer und war wirklich hart, aber die Quälerei machte auch viel Spaß, weil die Ausblicke so schön waren. Das gesamte Gebiet nennt sich *Escalante Grand Staircase National Monument*. Bevor ich diese Tour plante, hatte ich davon noch nie gehört, obwohl es zu den schönsten Gegenden im gesamten Südwesten zählt. Als ich den Pass erreichte, schrie ich einen kurzen Fluch ins Universum, gerichtet an den Fahrradhändler aus Meerbeck, der im Winter allen Ernstes behauptet hatte, dass ich mit diesem Fahrrad niemals über die Berge kommen würde… Das Fluchen hätte ich mir wohl besser verkneifen sollen, denn die nicht sehr steile Abfahrt auf den verbliebenen 16 Kilometern war ein schrecklicher Kampf gegen den Wind, der in Böen fast 50 km/h stark war. Wieder war deutlich die Rauchfahne zu sehen. Bei diesem Wind konnte sich ein Buschfeuer rasend schnell ausbreiten. In Escalante, einem 800-Einwohner-Städtchen in Reichweite des Bryce Canyon, war ein Motel belegt und das andere mit 65 Dollar viel zu teuer, sodass ich den Campingplatz für 18 Dollar bevorzugte. Eric, den ich in Hartsville, MO getroffen hatte, teilte mir per SMS mit, dass er heute in San Francisco angekommen war. Wahnsinn! Ich hatte mit acht bis neun Tagen Vorsprung gerechnet, aber nicht, dass er so schnell sein würde. Die beiden Wanderer, Mike und Lindsie, denen ich unterhalb des Monarch-Passes begegnet war, hatten am Dienstag Pueblo, CO erreicht.

Freitag, 31. Mai 2013 / 48. Etappe: Escalante, UT – Panguitch, UT (111 km)

Vogelzwitschern weckte mich schon vor 5 Uhr. Ich verließ den Ort Escalante gegen 6:45 Uhr bei milden 14°C. Der Wind hatte die ungünstige Richtung eingenommen, denn auch meine Hauptrichtung war Nordwesten. Die ersten 30 Kilometer waren zwar keine richtige Bergfahrt, aber auf dieser Distanz waren auch 450 Höhenmeter bei gemächlicher Steigung und Gegenwind ganz schön ermüdend. Ferner plagten mich Rückenschmerzen, und ab Kilometer 10 war die Morgenluft nicht mehr frisch, sondern roch nach Feuer. Das Rätsel um das Buschfeuer wurde bald geklärt: Im Nationalpark war alles in Ordnung; vielmehr wies ein Schild darauf hin, dass weiter vorn ein geplanter Brand stattfand, den man nicht melden sollte. Der Escalante River war so gut wie trocken, aber das Tal war wieder relativ grün. Nach 20 Kilometern hatte der Wind plötzlich vorübergehend auf Nord gedreht. Dies erleichterte meine Fahrt und blies außerdem den Rauch weg vom Highway. Nach 31 Kilometern hatte ich den 2317 Meter hohen Pass erreicht. Dieser bildete zugleich eine landschaftliche Grenze. Auf der Westseite prägten wieder die spektakulären Felsstufen des Escalante National Monument das Bild. Diese Landschaftsform war wie ein Bogen um die vorausgegangenen 45 Kilometer meiner Route geformt, ähnlich wie Kroatien um Bosnien. Der westliche Teil war aber weniger atemberaubend als das, was ich gestern gesehen hatte. Es ging zuerst steil, dann gemächlich insgesamt 21 Kilometer bergab, aber es bestand keine Gefahr, dass die Bremsen überhitzten, da der Wind kräftig bremste. Am tiefsten Punkt, nahe Cannonville, kam mir Gus aus Chicago entgegen, der von San Francisco „nach Hause" radelte, aber diese Gegend schon kannte. Meine Mittagspause zögerte ich noch weitere 13 km bis zum Ort Tropic hinaus, um schon wieder etwas Höhe und einen Vorsprung gegenüber dem stärksten Wind zu gewinnen. Nun begann die nächste Kletterei, wieder insgesamt ungefähr 450 Höhenmeter hinauf auf das Plateau, auf dem später die Stichstraße in den Bryce-Canyon-Nationalpark abzweigte. Der Wind wehte nun meistens von vorn, und bei

8% Steigung führte das dazu, dass ich teilweise mit nur 5 km/h die Rampe hinauf kroch. Dass Gegenwind auch am Berg eine Rolle spielen konnte, merkte ich daran, dass ich auch mal 7-8 km/h schaffte, wenn ich kurz etwas Windschutz hatte. Als das Plateau erreicht war, ging es moderat bergab bei 12-14 km/h – dieser mickrige Wert bewies, wie kräftig es pustete! Immerhin war die Temperatur mit bis zu 22°C sehr angenehm, und das Blau des Himmels war unvorstellbar tief. Ich verzichtete auf das Herzstück des Nationalparks, weil ich vor 20 Jahren schon einmal dort gewesen war und nach der Quälerei keine Lust auf Bustouristen hatte. Außerdem wollte ich nicht zu spät im Motel sein, und ähnliche Felsspitzen „in klein" gab es auch entlang des Highways zu sehen. Einige Kilometer weiter erreichte ich den höchsten Punkt (2370 m). Kurz darauf begann ein Fahrradweg. Dieser verlief in angenehmem Abstand von der Straße und führte durch den windgeschützten Red Canyon hinunter ins breite, fruchtbare Tal des Sevier River. Die letzten 13 Kilometer nach Panguitch liefen besser als befürchtet. Der Wind hatte nachgelassen. Dennoch war ich froh und glücklich, diese Etappe geschafft zu haben. Das *Bryce Canyon Motel* wurde von Sean geführt und war mir von dessen Freund Wayne aus Green River empfohlen worden. Die Bude war alt, aber sauber, einfach ein Platz zum Schlafen und Duschen und mit 39 Dollar sehr erschwinglich – so sollte es sein! Überhaupt gab es in Panguitch keinen Mangel an Motels – ich zählte mindestens acht, darunter war keine der großen Ketten vertreten. Gleich nebenan befand sich ein Waschsalon, dessen Dienste ich dankend annahm.

Samstag, 1. Juni 2013 / 49. Etappe: Panguitch, UT – Cedar City (99 km)

Was für ein Tag, was für ein Berg! An diesem Vormittag passte einfach alles, und heute war es definitiv ein Vorteil, die USA westwärts zu durchqueren. –In der Nacht hatte es Bodenfrost in Panguitch gegeben. Ich hatte gut geschlafen, viel gefrühstückt und mein Gepäck optimiert. Ich ließ mir eine Stunde länger Zeit als sonst und brach um 7:40 Uhr bei 7°C auf, mit langer Hose, Baumwolljacke und Windjacke bekleidet. Der Wetterbericht war verheißungsvoll: Der Wind sollte um gegenüber gestern um 75% an Stärke abnehmen und dazu noch von Nord (morgens) auf Ostsüdost (mittags) drehen. Gleich nach dem Ortsausgang ging es zwei Kilometer ziemlich steil bergauf. Deshalb fuhr ich schon nach 4 km in T-Shirt und Radlerhose weiter. Zählte man die Entfernung von Panguitch bis zum höchsten Punkt, hatte ich die mit 52 km die längste Steigung der gesamten Tour zu bewältigen, aber unter diesen Umständen ganz sicher nicht die härteste. Zwischen Kilometer 10 und 20 befanden sich flache und leicht fallende Abschnitte, zwischen Kilometer 26 und 31 ebenfalls. Die grandiose und sehr grüne Landschaft wirkte alpin, von den Felsen Utahs keine Spur. Wo es flacher war, weideten Rinder, und dazwischen plätscherten oft kleine Bergbäche munter talwärts. Auf der Straße war nicht viel los. Nach etwa 20 Kilometern kam mir Thomas aus Hannover entgegen. Er fuhr von San Francisco nach New York. Einmal sah ich aus nur 15 Metern Entfernung einen Steinadler in freier Natur auf einem Stein sitzen. Ich freute mich wie ein Kind darüber und dachte an John Denvers Worte: *„He'd be a poorer man if he never saw an eagle fly.“* Als ich die Kamera zückte, flog der Vogel leider davon, bevor ich den Auslöser betätigen konnte. Der Wind blies tatsächlich schwach aus östlicher Richtung und unterstützte mich somit. Gestern noch hatte ich mit einem Passanten am Bryce Canyon gesprochen und gesagt: „Lieber fahre ich 30 Meilen bergauf bei Windstille als 5 Meilen im Flachen bei Gegenwind“. Unglaublich, wie viel mehr Spaß es machte, wenn man westwärts fuhr und nicht ständig gebremst wurde. Es war durchaus möglich, auf den moderaten Abschnitte der Bergfahrt 16-18 km/h zu erreichen. Nach 31 Kilometern nahm ich mein zweites Frühstück an einem kleinen Laden am Panguitch Lake ein, in der Nähe der dortigen Campingplätze. Bei Kilometer 40 hatte ich Iron County und die 9000-Fuß-Grenze erreicht (2740 m). Von hier aus gab es kein Verschnaufstück mehr. Doch die Steigung war absolut machbar, und ich schaffte den gesamten Berg nicht nur, ohne zu schieben, sondern auch ohne weitere Pause. Auch die dünnere Luft, die oft herrlich nach Kiefern roch, machte mir weniger zu schaffen als am Lizard Head Pass in Colorado, den ich bisher als den schwersten Dreitausender empfand. Angesichts der Fakten hätte ich mir kein schöneres Wetter und keine angenehmere Steigung wünschen können, und ich war glücklich und stolz auf meine Beine, dass ich das gepackt hatte. Mehrere Wochen im Gebirge machten sich nun offenbar bezahlt. Ich befand mich auf etwa 3170 Metern über dem Meeresspiegel. Die Höhe sorgte für mehr rote Blutkörperchen und somit besseren Sauerstofftransport. Außerdem hatte ich in den bisherigen acht Wochen einige Kilos verloren. Nach 53 Kilometern, 1150 Höhenmetern und etwa vier Stunden Fahrzeit hatte ich die Kreuzung mit Highway 148 erreicht. Dieser führt als Höhenstraße an einer gewaltigen Kante entlang: Im Westen öffnete sich die Landschaft und offenbarte grandiose Felsabbrüche, das *Cedar Breaks National Monument.* Mehrere Aussichtspunkte luden zum Staunen ein. Die Straße mündete in den aus Richtung Bryce Canyon und Zion Canyon kommenden Highway 14, der nun bei relativ lebhaftem Verkehr 26 Kilometer hinunter nach Cedar City führte, teilweise durch ein recht enges Tal. Lange Manche Abschnitte hatten 8% Gefälle, es gab fast keine flacheren Stücke, und für die Schönheit des Canyons blieb kaum Aufmerksamkeit übrig. Hier hätte ich nicht ostwärts (bergauf) fahren wollen! Während ich insgesamt 1360 Höhenmeter verlor, spürte ich deutlich, wie viel wärmer es unten wurde. In Cedar City herrschten 26°C, und ich holte mir nach so vielen Wochen doch noch einen Sonnenbrand an den Unterarmen, weil ich sie zu spät eingecremt hatte. Cedar City, bekannt als Festivalstadt, ist mit über 20.000 Einwohnern für hiesige Verhältnisse eine Metropole. Den ersten von drei auf meiner Karte angegebenen Campingplätzen gab es gar nicht, beim zweiten waren nur Wohnwagen zugelassen, und der dritte (KOA) wollte 33 Dollar für einen Zeltplatz haben. Nicht mit mir, wenn ich für nur neun Dollar mehr im *Travelodge Inn* ein hervorragendes Zimmer mit Frühstück bekommen konnte. Es gab eine Kaffeemaschine im Zimmer, und um einschlafen zu können, trank ich den ersten koffeinfreien Kaffee meines Lebens.

Sonntag, 2. Juni 2013 / 50. Etappe: Cedar City, UT – Milford, UT (85 km)

Ich hatte vor ein paar Tagen überlegt, nach den schweren Etappen in den Bergen Utahs heute einen Pausentag einzulegen. Aber es wäre fahrlässig gewesen, diese Windbedingungen (morgens Süd, später Südwest) nicht auszunutzen. Ich rechnete mit einer recht einfachen Etappe. Das Ziel lag etwa 300 Meter tiefer als der Start – dennoch musste ich zunächst einmal 300 Höhenmeter bergauf fahren. Doch die Steigung betrug meist nur 1-2%, selten 4-5%, dazu unterstützte mich der Wind zur Feier des Tages: Ich knackte nämlich kurz nach dem Start die 5000-Kilometer-Marke. Die Landschaft war völlig anders als in den letzten Tagen. Nördlich von Cedar City fuhr ich durch eine weite offene Fläche. Die Stadt war noch nach 30 Kilometern zu sehen. Wo keine Landwirtschaft betrieben wurde, wuchs eine Art Beifuß, die hier *Sagebrush* genannt wird und im gesamten Westen verbreitet ist. Zunächst war ich fast allein auf der Straße, aber nach einer Stunde kamen mir einige Autos entgegen, deren Fahrer Hemd und Schlips trugen – später wurde mir klar, dass die wohl alle zur Kirche fuhren. Zwischen Enoch, einem Vorort von Cedar City, und dem 60 km entfernten Minersville gab es nichts außer ein paar Farmen. Obwohl so wenige Leute hier lebten, lag unglaublich viel Müll am Straßenrand, gleichmäßig verteilt – beschämend! Nach etwa 42 km hatte ich eine kleine Passhöhe erreicht. Das Gefälle auf der Nordseite war etwas steiler als der Südhang, sodass ich endlich einmal *gefahrlos* kilometerlang rollen konnte. Hinter Minersville, nach einer Pause, fuhr ich auf dem kleineren Highway 129. Hier wurde mehr Landwirtschaft betrieben. Irgendwo in der Nähe musste genug Wasser vorhanden sein, um riesige Felder bewässern zu können. Falken kreisten in der warmen Luft, auf der Suche nach Beute. Ich erreichte Milford schon vor 13 Uhr, nach kurzen 3:45 Stunden reiner Fahrtzeit und mit einem Schnitt von fast 23 km/h. Als ich den auch sonntags geöffneten, gut sortierten Lebensmittelladen verließ, war ich erschrocken über das zusätzliche Gewicht, das ich morgen zu tragen haben würde (vor allem wegen der Wasservorräte). Ich nahm ein Zimmer im etwas altbackenen *Affordable Motel* für 40 Dollar. Da ich ohnehin schon nachts starten wollte, genügte mir das für die kurze Zeit.

Montag, 3. Juni 2013 / 51. Etappe: Milford, UT – Baker, NV (136 km)

Ich konnte mir nicht vorstellen, wie das werden würde: 84 Meilen (136 Kilometer) durch heiße Steppe. Der Wecker piepte um 3:10 Uhr, und ich war ohnehin ziemlich aufgedreht vor Nervosität. Um kein Risiko einzugehen, hatte ich sieben Liter Wasser, drei Bananen, 20 Müsliriegel, eine Tüte getrocknete Aprikosen, eine Dose Rosinen und eine Tafel Schokolade dabei. Eine große Schale Cornflakes mit Rosinen und Milch, eine Banane und eine Zimtschnecke gab es zum Frühstück. Wie geplant konnte ich genau um 4 Uhr starten. Am Himmel waren Sterne und der fahl scheinende, abnehmende „Drittelmond" zu sehen. Die ersten Vögel waren dennoch schon wach. Auf einen Kaffee im rund um die Uhr geöffneten Imbiss *Peggy's Diner* verzichtete ich mit Blick auf meinen Wasserhaushalt. Irgendwo waren vereinzelte Lichter auf Farmen zu sehen. Die Route begann mit einer 24 Kilometer langen, aber sehr moderaten Steigung über 400 Höhenmeter zum Frisco Summit. Doch der Wind kam von Norden, also von schräg vorn rechts, und sorgte dafür, dass ich schon am Anfang ordentlich kämpfen musste. Die Dunkelheit war anstrengend für die Augen, und nun hätte ich mir doch einen Kaffee gewünscht. Das erste Auto begegnete mir bei Dämmerung nach 105 Minuten! Zwanzig Minuten später hatte ich den Pass erreicht. Die nächsten 10 Kilometer, nun bergab, dauerten dagegen nur 14 Minuten. Die Weite war gigantisch, und kurz nach dem Frisco Summit konnte ich fast 25 Kilometer der vor mir liegenden Straße sehen. Meine Kamera konnte diese Eindrücke nicht einmal ansatzweise konservieren. Während ich das relativ flache Stück zwischen den beiden Höhenzügen durchquerte, drehte der Wind kurzfristig auf Ost und half mir auf der erneut 400 Höhenmeter umfassenden, aber steileren nächsten

Steigung. Mein Plan war, den ersten Pass möglichst bei Sonnenaufgang geschafft zu haben, damit es beim zweiten, steilsten Anstieg noch kühl wäre. Das klappte! Um halb neun, nach 53 km, war ich auf dem Wah Wah Summit. Wieder war die Straße bis in die nächste Steigung zu sehen, wieder wurden mir anschließend fast 10 Kilometer „geschenkt". Danach folgte ein Flachstück, bevor die Kletterei erneut begann. Nach 65 Kilometern machte ich eine Verpflegungspause; der erste Liter Wasser war verbraucht. Der nächste Anstieg war wieder gemäßigter, aber nach bereits 70 absolvierten Kilometern wäre er vermutlich niemandem mehr ganz leicht gefallen. Der schwache Wind kam jetzt von rechts. Den Halfway Summit erreichte ich nach 85 Kilometern. Die Abfahrt war flach, und da ich nun Richtung NNW fuhr, bremste mich der Wind. Nach 95 Kilometern kam mir Paul aus Manchester, England, auf seinem Fahrrad entgegen. Er war von San Francisco nach Denver unterwegs. Ich konnte seinen ungewohnten Akzent schwer verstehen, und mir fiel auf, wie sehr ich mir schon das amerikanische Englisch angeeignet hatte. Am Ende zog sich die Etappe in die Länge, meine Beine waren müde, und ich hätte mich sehr über eine Toilette gefreut. Wegen der Schlangen (gleich drei habe ich heute gesehen!) traute ich mich nicht, im Gestrüpp die Hose herunterzulassen. Ich schleppte mich irgendwie bei 16-18 km/h Richtung Staatsgrenze und erreichte irgendwann mit Nevada meinen elften US-Staat und die Pazifische Zeitzone. Die Uhr wurde eine weitere Stunde zurückgestellt. Als ich Baker schließlich sehen konnte und im mp3-Player „That time of the night" und „Forgotten Sons" von Marillion liefen, mobilisierte das noch einmal letzte Kräfte. Gegen 13 Uhr Ortszeit war ich am Ziel, also zehn Stunden nach dem Start, davon 8:18 reine Fahrtzeit. Die Muskeln waren müde, und die Bänder in den Knien brauchten dringend eine Pause. Ich kann die Erleichterung nach dem Erreichen des Ziels kaum beschreiben! Wegen meines frühen Starts brauchte ich nur drei Liter Wasser. Obwohl Baker am Fuß des Great-Basin-Nationalparks lag, war bisher kein Touristenboom zu spüren. Der Ort war viel kleiner als ich erwartet hatte; nach einem halben Kilometer war man durch! Vielleicht siedelte hier keiner mehr, seit geplant war, dieser ohnehin trockenen

Gegend eine Menge Wasser aus dem Nationalpark zu entziehen, um es nach Kalifornien zu leiten. Es gab im Ort auch eine Protestbewegung gegen dieses Vorhaben. Aber ich fand eine öffentliche Toilette... Ich hatte schon gestern ein Zimmer in einem kleinen Motel namens *Silver Jack Inn* reserviert, weil es hier nicht viel Auswahl gab, aber das Motel öffnete erst um 15 Uhr. Beim Postamt fand ich einen schattigen Platz (inzwischen waren die 30°C erreicht), an dem ich die Zeit zum Schreiben dieser Zeilen nutzte. Das Motelzimmer war mit 65 Dollar mit Abstand das teuerste bisher; dennoch war es viel enger und schlechter ausgestattet als die drei vorigen – doch Alternativen fehlten. Nach der sehnlichst erwarteten Dusche und in frischen Klamotten gekleidet, stärkte ich mich mit einem warmen Mahl bei *T & D's Country Store Bar & Restaurant*. Wie in einem Kaff dieser Größenordnung schon oft erlebt, fungierte auch hier in Baker der Laden (mit äußerst limitiertem Warenangebot) gleichzeitig als Gaststätte – oder umgekehrt. Eigentlich wünschte ich mir nach acht Reisetagen in Folge eine Pause, aber da für morgen Ostwind angesagt war, würde ich mich wieder aufs Rad schwingen, um eine vielleicht einmalige Chance, etwas einfacher nach Ely zu kommen, nutzen zu können. Immerhin standen mir morgen 21 Meilen weniger als heute bevor.

Dienstag, 4. Juni 2013 / 52. Etappe: Baker, NV – Ely, NV (101 km)

Diesmal war es fast windstill und schon hell, als ich um 5:40 Uhr aufbrach. Meine innere Uhr tickte noch nach Utah-Zeit, daher war ich ohnehin früh wach. Obwohl diese Etappe deutlich kürzer war, war ein früher Start wegen der morgens noch kühlen Luft sinnvoll. Da die beiden Lebensmittelläden in Baker äußerst schlecht sortiert waren, ging ich ein gewisses Risiko ein. Ich hatte die letzte Banane im Rahmen eines reichhaltigen Frühstücks gegessen, so hatte ich für unterwegs nur noch trockene Cornflakes, eine Dose Datteln und ungefähr 14 Müsliriegel. An Wasser bestand dagegen kein Mangel. Die erste Steigung begann gleich nach dem Ortsausgang. Sie betrug anfangs nur etwa 1% und wurde steiler, als ich nach acht Kilometern den U.S. Highway 50 wieder erreichte. Im Gegensatz zu gestern lagen heute zumindest zwei Rastplätze mit Toiletten an der Fernstraße, der erste davon vier Kilometer vor dem Sacramento Pass. Nach 2:20 Stunden hatte ich gut 500 Höhenmeter geschafft und den Pass erreicht. Es folgte eine rasante Abfahrt ins Spring Valley, in dem ein Windpark mit etwa 60 Windrädern stand. Die nächste Steigung war schon wieder meilenweit vorher zu sehen. In diesem Fall ging es knapp 550 Höhenmeter hinauf zum 2350 m hohen Connors Pass. Inzwischen hatte der versprochene Ostwind eingesetzt, nicht stark, aber immerhin. Etwa auf halber Strecke zum Pass zweigte Highway 93 ab. Hier befand sich auch ein äußerst primitiver steiniger Campingplatz, zu dem ein Gebäude namens *Majors Bar* gehörte. Ein Schild warb für Getränke und Snacks. Die Tür war verschlossen, aber davor gab es eine schattige Bank, wo ich mich für die restliche Steigung stärken und Sonnencreme erneuern konnte. Als ich gerade aufbrechen wollte, kam der Besitzer vom Einkaufen zurück. Die verbliebenen 8 km der Steigung waren fast durchgängig 6% steil – machbar, aber eben lang. Zwei junge Radlerinnen rollten mir etwa 3 Kilometer vor dem Pass entgegen, aber ich wollte nun meinen Rhythmus am Berg beibehalten und gab ihnen ein Zeichen, nicht anzuhalten. Nach 66 Kilometern war ich oben. Als ich meinerseits noch auf der Abfahrt war, kamen mir erneut zwei Radfahrer entgegen, die offenbar kein Problem hatten, einen Großteil der Strecke in der größten Hitze zu fahren. Ihnen stand offenbar der Sinn nach einem Plausch. Jetzt war die Jahreszeit, in der üblicherweise die meisten von San Francisco ostwärts fahrenden Langstreckenradler in dieser Gegend unterwegs sind. In den letzten Tagen war ich fast täglich einem von ihnen begegnet. Ben und Andrew aus North Carolina hatten die Mädchen vor ihnen auf dem Campingplatz in Ely getroffen und wussten, dass sie aus Finnland stammten. Während wir noch redeten, hielt ein Auto. Zwei Männer fragten, ob alles in Ordnung sei. Sie waren in offizieller Mission des Verkehrsministeriums von Nevada unterwegs und kümmerten sich speziell um Radreisende. Sie schenkten uns außerdem jedem eine Nevada-Fahrradkarte! Die letzten 20 Kilometer waren ziemlich mühsam. Der Wind drehte immer mal zwischen Ost und Nord, und meine Richtung war Nordnordwest. Ely, eine richtige Stadt mit knapp 2000 Einwohnern, erreichte ich gegen 13:30 Uhr nach gut sechseinhalb Stunden reiner Fahrtzeit. Ich buchte gleich zwei Nächte im *Motel 6* für insgesamt 99 Dollar. Das Stadtbild von Ely unterschied sich gewaltig von den Städten des Mormonenstaats Utah. Überall begegnete mir Werbung für alkoholische Getränke, und es gab auch ein paar Casinos. Außerdem verstand ich die Leute sprachlich viel schlechter. Am Nachmittag nutzte ich die Zeit für Friseurbesuch, Einkauf und etwas Korrespondenz, und ging dann früh ins Bett.

Donnerstag, 6. Juni 2013 / 53. Etappe: Ely, NV – Eureka, NV (128 km)

Der Pausentag tat meiner Kraft und Ausdauer spürbar gut. Leider konnte ich bei weitem nicht so viel schlafen wie erhofft, da in Hörweite des Motels den ganzen Vormittag ständig eine Hupe aus einem Industriebetrieb dröhnte. Viel schlimmer war aber, dass im Gegensatz zu meinen Beinen mein Geist alles andere als erholt war. Ich hatte Ely als Pausenort auch deshalb gewählt, weil es hier einen Fahrradladen gab. Mein Billig-Hinterreifen aus Montrose,CO musste schon nach 1400 km getauscht werden (Daran merkte ich den Qualitätsunterschied: Der *Schwalbe Marathon* hatte 2000 km gehalten). Meine Größe (37/622 – 28“) war nicht vorrätig. Der Verkäufer war zwar freundlich, aber offenbar nicht sehr kompetent. Er wollte mir einen angeblichen 27“-Reifen andrehen, der aber erstaunlicherweise mit 37/630 gekennzeichnet war. Zum Glück ließ ich mich nicht darauf ein und bat, die Montage direkt im Laden probieren zu können. Natürlich war der Durchmesser um genau 8 mm zu groß für die Felge. Auch alle anderen passten nicht. Ich prüfte auch Kombinationen mit einem hiesigen Schlauch und verbrachte über zwei Stunden in dem Laden, um letztlich wieder den abgefahrenen Reifen zu montieren und zu hoffen, dass der noch vier Etappen halten würde – denn der nächste Fahrradladen war laut Karte erst in Fallon.

Die heutige Etappe war – neutrale Windbedingungen unterstellt – diejenige, vor der ich am meisten Respekt hatte. 78 Meilen lang sollte sie sein, kein Service zwischen Start und Ziel, mit vier Pässen, von denen der härteste fast am Ende lag: 1. Robinson Pass: 2312 m / Höhendifferenz ca. 300 m; 2. Little Antelope Summit: 2267 m / ca. 280 Höhenmeter; 3. Pancake Summit: 1987 m / ca.90 Höhenmeter; 4. Pinto Summit: 2241 m / ca. 380 Höhenmeter.

Dass es leichter als befürchtet werden würde, wusste ich vorher noch nicht. Bei Anbruch der Dämmerung, um 4:15 Uhr, fuhr ich los, bestmöglich gegen die Kälte geschützt. Unmittelbar vor Sonnenaufgang zeigte mein Fahrradthermometer 0,7°C! In Nevada gab es eine Menge Minen, aus denen vor allem Silbererz gefördert wurde; einige existierten noch. Gleich hinter der Stadtgrenze von Ely passierte ich eines dieser Bergwerke. Die Steigung zum Robinson Pass war überhaupt kein Problem. Der Wind blies zu meiner Freude am Morgen aus östlichen Richtungen, drehte im Tagesverlauf auf Nord und später auf Nordwest. Nach 31 Kilometern und gut zwei Stunden hatte ich den ersten Pass erreicht. Die Landschaft gefiel mir zumindest auf der ersten Hälfte sehr gut. Ich freute mich über unerwartet viel Grün, und nahe der Pässe gab es nicht nur niedrige Büsche und *Sagebrush*, sondern auch viele Bergkiefern. Eine Verpflegungspause machte ich nach 54 Kilometern. Auch der zweite Pass, den ich nach 83 Kilometern erreicht hatte, war auf meiner Ostseite angenehm und leicht zu erklimmen – nur für die letzten 500 Meter benötigte ich den zweiten Gang. Auf der 10 km langen Abfahrt kam mir Mike aus Texas entgegen. Seine Tour von Portland, Oregon, nach Colorado Springs war allerdings nur die Zugabe, da er noch einen Monat Zeit hatte: Er war nämlich zuvor ein halbes Jahr lang von Kairo nach Kapstadt geradelt! Ein ungutes Gefühl in der Darmgegend machte sich bemerkbar. Als ich im Flachstück eine betonierte Bach-Unterführung entdeckte (mangels Wasser ohne Bach), nutzte ich die Chance, mich dort ungesehen zu erleichtern. Nach dem kurzen, aber steileren Anstieg zum Pancake Summit wurde mir klar, dass ich nicht normalen Stuhldrang, sondern eine Darmverstimmung hatte, denn ich bekam Darmkrämpfe. Ich hatte das Leitungswasser in Ely als Übeltäter im Verdacht. Hinter einer Leitplanke am letzten Anstieg musste ich nochmals die Hosen herunterlassen. Und dann sage noch jemand, Highway 50 in Nevada sei *America's lonliest road...* In der kurzen Zeit fuhren bestimmt 15 Fahrzeuge an der Stelle vorbei! Die letzte Steigung wurde dann ein ziemlicher Kampf, obwohl die Beine noch gut drauf waren. Ich hatte schließlich außerdem schon 110 Kilometer absolviert und fuhr nun fast gegen den Wind. Die letzten sechs Kilometer nach Eureka ging es bergab. Ich passierte den Campingplatz, scheute mich aber, bei inzwischen 30°C einen Nachmittag im Zelt zu verbringen. Ich war eben nicht mehr der Jüngste und konnte mir eine erneute Motel-Übernachtung zum Glück leisten. Ich war neun Stunden unterwegs (7:18 reine Fahrtzeit) und musste noch eine halbe Stunde warten, bis das kühle Zimmer in der *Sundown Lodge* gereinigt war. Gleich gegenüber lagen der Lebensmittelmarkt und ein Restaurant, in dem ich Tee trinken und einen köstlichen Hähnchen-Burger mit Salat essen konnte. Der Darm schien sich zu beruhigen.

Freitag, 7. Juni 2013 / 54. Etappe: Eureka, NV – Austin, NV (114 km)

Endlich einmal hatte ich gut und lange geschlafen – um 19.15 Uhr war ich so müde, dass ich bald einschlief. So war ich um 5 Uhr morgens munter genug, um auf einen Kaffee zu verzichten, den ich eine Stunde später in der Tankstelle nebenan hätte bekommen können. Also schwang ich mich gleich um 6 Uhr aufs Rad. Es war erneut ein sonniger Morgen, immerhin schon 10 Grad warm. Die Fahrt begann mit acht Kilometern Gefälle und Rückenwind. Zwischen Kilometer 11 und 13 blies mir plötzlich ein kräftiger Wind entgegen, als ich einen Canyon durchfahren musste. Danach war es wieder ruhig. Der Wind kam zwar aus Nordwest, war aber wie angekündigt zunächst sehr schwach, sodass ich ihn kaum spürte. Außerdem ging es lange leicht bergab. Als ich nach genau zwei Stunden die erste Pause machte, hatte ich bereits 45 km geschafft. Nach drei Stunden (einschließlich der Pause) waren es 63 km, nach vier Stunden (einschließlich zweier Pausen) waren es 83 km. Es lief schon fast zu gut, als ob das dicke Ende nur auf den richtigen Moment wartete... Ich versuchte bewusst zügig zu fahren, solange der Wind es zuließ, denn gegen Mittag sollte er stark auffrischen. Die Landschaft war heute viel eintöniger als in den letzten Tagen, vor allem in den *Bean Flats*. Es war nach wie vor keine richtige Wüste, eher Steppe, mit *Sagebrush* als dominierender Vegetation. Die wenigen Farmen lagen oft weit vom Highway entfernt. Dennoch gab es fast überall Zäune, zwischen fünf und dreißig Meter von der Straße entfernt, egal wie einsam die Gegend war. Bei Kilometer 76 leitete die erste Kurve seit über 40 Kilometern (!) einen kurzen Anstieg zum Hickison Pass ein. Anders als in Kansas gab es hier in allen Richtungen hübsche Berge im Hintergrund, darum empfand ich die Fahrt nicht als langweilig. Auf der Abfahrt vom Hickison Pass setzte der befürchtete Wind ein. In der fünften Stunde schaffte ich trotz Bergabfahrt nur 14 Kilometer! Bei Kilometer 98 begann die Kletterei. Heute gab es nur einen „Doppelberg" (mit kurzer Abfahrt mittendrin), aber der hatte es in sich – über 500 Höhenmeter zur Mittagszeit nach bereits fast 100 gefahrenen Kilometer. Zunächst ging es acht Kilometer fast durchgehend 6% bergauf. Mit der bewährten Taktik nahm ich mir den Berg häppchenweise vor und puschte mich jeweils einen Kilometer vorwärts, bevor ich die Option zu einer Pause hatte. Wenn es an der möglichen Pausenstelle gerade besser lief, wurde die Pause ersatzlos gestrichen. Bis zum ersten Pass, dem Bob Scott Summit, genügten mir zwei Pausen. Eine 2 km lange Abfahrt folgte, bevor nochmals 3,5 km mit 5-7% zu bewältigen waren (gleiche Taktik, eine Pause genügte). Vom Austin Summit konnte ich schließlich in das 340-Einwohner-Nest Austin hinabrollen. Ich erreichte meinen Zielort um 13:15 Uhr nach 6:21 Stunden reiner Fahrtzeit und kehrte zunächst im Bistro ein, bevor ich das *Lincoln Motel* aufsuchte. Sowohl meine Verdauung als auch mein Hinterreifen hatten durchgehalten. Noch etwa 180 Kilometer trennten mich vom Fahrradladen! Austin sah zwar hübsch aus, ganz wie man sich eine Westernstadt vorstellt, aber einige der ohnehin nicht gerade zahlreichen Läden an der Hauptstraße standen leer. Darunter war auch der in der Gemeindebroschüre noch erwähnte Lebensmittelmarkt. Dagegen gab es gleich fünf Bars und Saloons! Zum Einkaufen fuhren die Leute üblicherweise ins 180 km entfernte Fallon. Ich erwarb ein paar Lebensmittel und Trinkwasser in der Tankstelle – genug, um morgen über die Runden zu kommen. Im Motel nebenan übernachtete Neil, der zur Ostküste unterwegs ist (ziemlich später Start meiner Meinung nach...). Letztes Jahr war er die *Northern-Tier*-Route gefahren, diesmal sollte es San Francisco – Yorktown, VA werden.

Samstag, 8. Juni 2013 / 55. Etappe: Austin, NV – Fallon, NV (181 km)

„Auch wenn der Sturm dein Dach zerbricht
und wenn er dich einmal fast besiegt,
steh wieder auf, biet ihm die Stirn,
denn er trägt dich weit, wenn du mit ihm fliegst."
(„Gefährten des Sturmwinds", Herbert Dreilich/Norbert Kaiser)

Heute bin ich mit dem Wind geflogen! Ich habe viel riskiert und alles richtig gemacht. Normalerweise wäre ich von Austin bis in das winzige Dorf Middlegate (102 km) gefahren und am nächsten Tag nach Fallon. Dann wäre ich allerdings in Fallon an einem Sonntag angekommen, und der Fahrradladen wäre bestimmt geschlossen gewesen. Also hatte ich zunächst überlegt, einen Tag länger in Austin zu bleiben, um Fallon am Montag zu erreichen. Das hätte allerdings die Übernachtung am Sonntag in Middlegate zur Folge gehabt, und da es schon in Austin nicht viel zu kaufen gab, war mir die Frage nach der Verpflegung in Bezug auf Middlegate erst recht nicht geheuer. Eine zweite Option wäre gewesen, jemanden zu finden, der mich von Austin nach Fallon mitnehmen könnte. Jane, die im Büro des Lincoln

Motels arbeitete, versprach, noch ein paar Leute zu fragen, aber da am Samstagabend in Austin eine große Geburtstagsfeier stattfinden sollte, glaubte sie, dass an dem Tag wohl niemand wegfahren würde. Dann sah ich die Wetterprognose. Der Wind sollte den ganzen Vormittag zwischen Ost und Nordost wehen und dann auf Nord drehen. Das gab den Ausschlag, in Kombination mit dem Höhenprofil der Strecke. Auf viel Bergabfahrt folgte ein Flachstück am Ende. Fallon lag 800 Meter tiefer als Austin. Nach 83 km gab es einen Campingplatz mit Restaurant. Dort und in Middlegate würde ich Wasser bekommen können. Und wenn der Reifen irgendwo unterwegs platzen sollte, würde ich trampen.

Natürlich musste ich für dieses Vorhaben erneut nachts starten. Um 4:05 rollte ich los, zunächst mehrere Kilometer bergab in die Ebene. Natürlich fiel auch mir das frühe Aufstehen nicht leicht, aber das war mir lieber, als auf den Vorteil der Fahrt in der wunderbaren Morgenluft zu verzichten. Die erste Steigung, zum Mount Airy Summit, war zwar zwölf Kilometer lang, aber mit 250 Höhenmetern harmlos und nach 38 Kilometern geschafft. Auf der Abfahrt traf mich der erste Sonnenstrahl. Vier weitere Hügel folgten später, aber die waren alle sogar noch einfacher. Als mich nach genau zweieinhalb Stunden der Hunger zu meiner ersten Pause zwang, hatte ich bereits 57 Kilometer geschafft. Nun blies der Wind genau in meinen Rücken. Als ich mich genau vier Stunden nach dem Start kurz vor dem erwähnten Campingplatz befand, verzichtete ich spontan auf einen Halt. Ich war gerade in voller Fahrt und voller Adrenalin, und ungeplant lief gerade jetzt „Gefährten des Sturmwinds“ von Karat im mp3-Player. Die 19 Kilometer bis Middlegate, davon über die Hälfte bergab, schaffte ich in 40 Minuten. Ich hatte schon hundert Kilometer hinter mir, und es fühlte sich an wie fünfzig! Middlegate hatte nur 17 Einwohner, und die Typen, die ich hier zu Gesicht bekam, wirkten alles andere als fröhlich und sahen aus wie Alkoholiker. Ich wurde weder begrüßt noch verabschiedet. Der Ort war im Jahr 1860 als Station des legendären *Pony Express* eingerichtet worden. Dieser verlief entlang des heutigen Highway 50 und war damals ein Jahr lang die schnellste

Postverbindung zwischen der Prärie und dem Pazifik, wurde aber nach Inbetriebnahme der Telegrafenleitung und aufgrund der immensen Kosten schnell wieder aufgegeben. In der Bar sollte es tolle Sandwiches geben, aber es roch so sehr nach verbranntem Fett und Zigarettenqualm, dass ich nur einen großen Becher Cola kaufte und mich mit meinem eigenen Essen nach draußen verzog. Die Kulisse mit den hölzernen Western-Buden war zwar beeindruckend, aber hier hätte ich ohnehin nicht bleiben wollen. Ich fragte mich, wie die Menschen es hier ohne Drogen aushalten konnten. So nahm ich mir vor, mich nun auf eine weitere 80-Kilometer-Radtour zu begeben. Und das Beste war: Es war erst 9:20 Uhr! Die Unterstützung des Windes war nun vorüber, da die Straße jetzt mehr Richtung Nordwesten führte, aber der Seitenwind hielt sich in Grenzen. Zwei kleine Pässe standen noch aus. Der letzte war der Sand Springs Pass, und dort oben beendete eine sechsköpfige Fahrradgruppe gerade ihre Pause. Sie waren unterwegs von San Francisco nach Connecticut! Die abnehmende Meereshöhe wirkte sich auch auf die Landschaft aus, denn jetzt war ich wirklich in der Wüste. Vor allem westlich des Sand Springs Passes erstreckte sich im Salt Wells Basin eine 25 km lange vegetationslose Zone. An der Böschung neben der Straße lagen unzählige, aus Steinen gelegte Namen, Symbole oder Botschaften. Etwa 15 km vor Fallon kehrte wieder Leben in die Natur zurück. Die Straße überquerte sogar einige Bäche, die Wasser führten, und die ersten Laubbäume waren zu sehen! Als ich Fallon erreichte, verriet dann auch ein Schild, dass sich die 8000-Einwohner-Stadt „Oase in Nevada“ nannte. Hier gab es alle Merkmale amerikanischer Stadtkultur und der Kultur Nevadas im Besonderen (Glücksspiele, Alkohol- und Tabakläden mit entsprechender Werbung, Saloons). Die Menschen wirkten ganz anders als in den zurückliegenden Staaten, unfreundlicher und auch wieder ungesünder und dicker. Außerdem verstand ich sie schlecht. Ich sehnte mich nach Kalifornien. Das war heute die mit Abstand längste Etappe der Tour, aber bei weitem nicht die schwierigste, dank des frühen Starts. Mein Weg führte mich natürlich zuerst zu 385 Regan Place, der Adresse von *High Desert Cyclery*. Doch das Grundstück war leer, es standen nur noch Fundamente! Also gab es keinen Fahrradladen in Fallon, welche Enttäuschung! Wenigstens die aus Indien stammenden Inhaber des *Value Inn* waren sehr freundlich. Sie empfahlen mir, es bei *Walmart* mit dem Ersatzreifen zu versuchen. Dort erstand ich zumindest einen faltbaren Reifen, der angeblich passen müsste. Ich nahm ihn als Ersatz mit und hoffte, dass mein eigener noch 100 km bis Carson City durchhalten würde – aber erst am Montag, wenn eine Abkühlung zu erwarten war. Die Hitze war unglaublich. Gut, dass ich schon um 13:30 Uhr ankam, als „nur" 32°C herrschten. Am späten Nachmittag wurden es 37°C, und morgen sollte es noch heißer werden.

Montag, 10. Juni 2013 / 56. Etappe
Fallon, NV – Carson City, NV (101 km)

Ein Tag zum Vergessen – mit dem einzigen Lichtblick, dass ich endlich einen neuen Reifen auf dem Hinterrad hatte. Gestern hatten in der Nähe von Fallon Gewitter getobt und die bis 39°C heiße Luft etwas gereinigt. Ich war gegen 8 Uhr morgens kurz spazieren gegangen und hatte den restlichen Tag im Motelzimmer verbracht. Heute war nicht mehr die Hitze entscheidend, sondern die Aussicht auf im Tagesverlauf zunehmenden Gegenwind. Eigentlich hätte meine Richtung Süden sein sollen: Da ich noch viel Zeit bis zum Rückflug hatte, wollte ich über Schurz, Hawthorn und Lee Vining die *Tioga Pass Road* ansteuern, die in den Yosemite-Nationalpark führt. Auf dieser Route hätte ich aber tagelang keinen Reifen bekommen. So musste ich der *Western-Express*-Route weiter folgen und zunächst nach Carson City, Nevadas Hauptstadt fahren. Falls ich dieser Route folgen würde, lägen nur noch knapp über 500 km bis zur Golden Gate Bridge vor mir! – Trotz der überschaubaren Entfernung startete ich also erneut früh, nämlich um 6 Uhr, um möglichst weit bei erträglichem Wind zu kommen. Die Einsamkeit der letzten Tage war vorüber. Der Westen Nevadas ist deutlich dichter besiedelt, und es gab wieder Verpflegungsmöglichkeiten entlang der Strecke. Nach 16 Kilometern teilte sich die Straße. Der lebhaftere Verkehr fuhr geradeaus Richtung Reno, während ich der Abzweigung folgte. Nun hatte der Wind freie Bahn. Die Landschaft war uninteressant, die wenige Vegetation (*Sagebrush*) sah verdorrt aus. Ich wunderte mich, als ich plötzlich Möwen über der Wüste fliegen sah. Die Erklärung ließ nicht lange auf sich warten: Das von der Sierra Nevada östlich abfließende Wasser, in diesem Fall das des Carson River, wurde in mehreren Stauseen gespeichert. Meine Augen konnten sich immerhin am Blick auf die Berglandschaft im Hintergrund erfreuen – weit vor mir waren Gipfel mit Schneeresten sichtbar. Doch meistens blickte ich stur auf die Piste vor mir, um jede Gefahr für meinen Reifen (spitze Steine, Draht, eventuelle Scherben) rechtzeitig sehen und umfahren zu können. Ich fuhr auf dem Seitenstreifen, soweit dieser nicht von Querrippen bedeckt war. Nach 44 Kilometern rastete ich in Silver Springs, wo eine weitere Straße aus Richtung Reno kreuzte. Ab hier war es mit der Ruhe auf Highway 50 vorbei. Eine lange Baustelle, wo es enger war und teilweise nach Teer stank, erschwerte das Radeln zusätzlich. Außerdem stellte ich fest, dass sich Autofahrer hier längst nicht so rücksichtsvoll verhielten wie anderswo. Es war ja nicht ihr Problem, wenn der Platz zum Passieren eines Radfahrers knapp war… Der Wind blies unterschiedlich stark mal von rechts vorn, mal von links vorn (dann hatte ich manchmal Windschatten), mal genau von vorn. Die Musik aus dem mp3-Player lenkte mich von der ziemlich öden Treterei ab – lang lebe das Genie, das diese Geräte erfunden hat! Ich hatte ständig Hunger. An einer Tankstelle nach 72 Kilometern aß ich ein riesiges Baguette. Hinter mir verdunkelte sich der Himmel bedrohlich, aber ich blieb trocken. Später erfuhr ich, dass etwa 100 Kilometer nördlich wolkenbruchartiger Regen und Hagel gefallen war und eine Springflut verursacht hatte. Um 13:15 Uhr erreichte ich *Bike Smith* in Carson City. Ich erstand den letzten vorrätigen Reifen in der gewünschten Größe und montierte ihn gleich. Mein Gastgeber Flynn traf mich dort, bevor wir zu ihm nach Hause fuhren. Flynn war 29 und hatte sich nach diversen Jobs und gesundheitlichen Problemen vor ein paar Jahren als Recycling-Agent selbstständig gemacht. Haushaltsauflösungen und Verschrottungen waren sein Metier. Nebenbei half er beim Abriss von

Gebäuden und bei Malerarbeiten und trug früh morgens Zeitungen aus. Er bekam fast alles kostenlos, trennte das verwertbare Material und verkaufte es wieder. Entsprechend unordentlich und auch nicht immer sauber sah es bei ihm aus. Ich habe ihn relativ schlecht verstanden. Seine Frau Savannah und die 6-jährige Tochter Aria kamen am späten Nachmittag heim, aber beide schienen von meiner Anwesenheit nicht begeistert zu sein. Der Fernseher lief ziemlich laut, und es war dann nicht mehr sehr kommunikativ. Ich konnte es kaum erwarten, morgen Kalifornien zu erreichen.

Dienstag, 11. Juni 2013 / 57. Etappe: Carson City, NV – Silver Lake, CA (95 km)

Der frühe Wurm foppt den Vogel! Die Windvorhersage für heute war Furcht einflößend, aber morgens sollte der Südwestwind noch schwach sein. Also verließ ich Flynns Haus noch vor Sonnenaufgang, holte mir einen großen Kaffee und zwei Muffins an einer Tankstelle, und sah zu, dass ich das Flachstück schnell hinter mich brachte. Dieses führte in genau südlicher Richtung unterhalb der steilen Hänge entlang, die den Lake Tahoe von der Ebene trennten. Das Grün kehrte zurück! Ich blieb auf dem *Freeway* (erst Highway 395, dann 88) und hielt erst nach 36 Kilometern, als ich die Grenze zu Kalifornien erreichte. „Nevada, du hattest durchaus auch reizvolle Abschnitte und ich bin besser durchgekommen als vorletzte Woche befürchtet, aber ich weine dir keine Träne nach.“ – Nun also mein zwölfter und letzter Staat. Wenn ich es angestrebt hätte, hätte ich in drei Tagen am Ziel sein können. Aber ich wollte gern einen Umweg fahren, um die Golden Gate Bridge von Norden zu erreichen. Zunächst begrüßte mich der *Golden State*, indem praktisch mit Überqueren der Grenze der Wind deutlich auffrischte. Hatte ich vorher einen Schnitt von 22 km/h geschafft, so benötigte ich für die 10 Kilometer nach Woodfords eine ganze Stunde! Dieser kleine Ort lag unmittelbar am Fuß der Berge, am Ausgang eines Canyons, durch den der Carson River floss. Hier gab es einen weiteren dieser schönen Dorfläden, in denen häufig auch ein paar Speisen angeboten wurden. Die ersten menschlichen Kontakte in Kalifornien waren eine Wohltat, denn hier waren wieder alle freundlich. Eine Mutter mit Tochter kam herein und sprach mich an: „Oh, bis hier hast du es schon geschafft! Hast du den neuen Reifen bekommen?“ Ich war baff, und dann erkannte ich sie: Auf der Etappe von Ely nach Eureka hatte während einer Pause ein Autofahrer gehalten und gefragt, ob alles in Ordnung sei. Diese Frau saß damals auf dem Beifahrersitz, gesprochen hatte ich nur mit ihrem Mann und dabei auch die Sorge um den Reifen erwähnt. Der Mann war heute nebst Sohn kurz vorher auf einem Tandem vorbeigesaust, ohne dass ich ihn erkannt hatte. Die Familie war am Mittwoch nach San Francisco gefahren. Vater und Sohn rasten nun ohne Gepäck zur Ostküste, und Mutter und Tochter bildeten das „Team im Servicefahrzeug“. Nach einem warmen Sandwich war ich um 9:20 Uhr bereit für den vermeintlich letzten ganz großen Kraftakt meiner Reise. Etwa 850 Höhenmeter auf 24 Kilometer Länge lagen vor mir. Wie herrlich war dieser Canyon! Ich freute mich unglaublich, nach all der Ödnis wieder Wald um mich zu haben. Der westliche Quellfluss des Carson River präsentierte sich mir als fröhlich sprudelnder Bergbach. Alles war so voller Leben! Heute brauchte ich keine Musik, ich hielt einfach meine Sinne offen. Der Wind pfiff den Canyon hinunter und war an manchen Stellen wirklich ein harter Gegner, aber es machte enorm viel Spaß. Es war, als wollte Gott, dass ich möglichst lange etwas von diesem letzten großen Pass hatte. Und ich war dankbar dafür, denn auch mir war die Situation klar, und in alle Freude über mein Vorankommen mischte sich auch schon Wehmut. Im Mittelteil gab es ein flacheres Stück mit Bergwiesen neben der Straße. Hier überholten mich reihenweise Rennradler, die mir teilweise später wieder entgegenkamen. Bevor das härteste Stück begann, machte ich eine längere Pause am Red Lake, der einfach zauberhaft schön lag, und ich badete meine Füße im kühlen Wasser. Die letzten dreieinhalb Kilometer waren unglaublich anstrengend. Die Steigung war gar nicht schlimm, aber der Wind blies mich fast wieder ins Tal. Teilweise fuhr ich nur 4,5 km/h, zu Fuß wäre ich wahrscheinlich schneller gewesen. Aber ich schaffte es, ohne zu schieben, und war gegen

13:15 Uhr auf dem 2613 m hohen Carson Pass. Eine kleine Hütte diente als Informationszentrum und Anlaufpunkt für Wanderer, denn hier führte auch ein Sierra-Nevada-Fernwanderweg entlang. Ich kam mit freiwilligen Helfern ins Gespräch, die mir Tipps gaben und Reste ihres Mittagessens schenkten, obwohl ich gar nicht hungrig war (indianische Teigtaschen, rohe Karotten und Trauben) – überwältigend! Die ersten Kilometer bergab war ich entsetzt über den Straßenzustand – so voller Risse und Rillen war noch keine Straße seit Beginn der Reise gewesen. Mir kamen gleich drei einzelne Tourenradler innerhalb eines Kilometers entgegen. Mit einem von ihnen sprach ich kurz. Ich bewunderte seinen Optimismus, so spät im Frühjahr zu starten und noch bis Delaware durchhalten zu wollen. Nach 10 Kilometern bog ich in eine Seitenstraße ein, die in den Wintersportort Kirkwood führt. Dort steuerte ich den Lebensmittelladen an und traf erneut zwei Cross-Country-Radler (Opa Stan und Enkel Gabriel). Sie wollten die *Transamerica*-Route bis Yorktown, Virginia fahren und schienen dabei nicht besonders gut vorbereitet zu sein. Ich hätte noch eine ganze Weile fahren können, wollte aber gern noch Zeit hier oben verbringen, im Wald und am Wasser – den Elementen des Lebens. Ich wählte einen primitiven Zeltplatz am Silver Lake mit Frischwasser und Plumpsklo, aber ohne Waschräume – nicht direkt am See, denn da wäre ich weggeweht worden, sondern windgeschützt und in Wurfweite eines rauschenden Bergbaches. Ein kurzer, aber schöner Waldspaziergang führte mich zum See. Nach der Hitze am Wochenende war die Kühle wieder gewöhnungsbedürftig. Schlangen musste man hier nicht fürchten – doch es gab wieder Metallbehälter, in denen man seine Verpflegung vor Bären schützen konnte. Unverschämt fand ich, dass sie hier von einem einzelnen Radler ebenso 24 Dollar verlangten wie von einer vierköpfigen Wohnmobilbesatzung! Der Aufseher hielt sich auch auf dem Platz auf. Ich warf 20 Dollar in die Box, das musste genügen!

Mittwoch, 12. Juni 2013 / 58. Etappe: Silver Lake, CA – Sacramento, CA (162 km)

Heute lief einiges anders als geplant. Ich hatte das Streckenprofil angesehen und war von fast ständigem Gefälle ausgegangen. Außerdem hatte ich mich um 20 Meilen zu meinen Ungunsten verrechnet. Jim, mein Gastgeber in Sacramento, erwartete mich zwischen vier und fünf Uhr nachmittags. Ich glaubte, viel Zeit zu haben, und stellte meinen Wecker nicht. Gegen 7:45 Uhr saß ich auf dem Rad. Zunächst musste ich auf fünf Kilometern Strecke 200 Höhenmeter bergauf fahren. Der Wald war zwar diesseits des Passes auch schön, aber es fehlte das Wasser, denn die Straße führte nicht im Tal, sondern vorwiegend an einem Hang entlang. Oberhalb von etwa 2000 Metern blieb der Straßenzustand unverändert schlecht, sodass ich relativ langsam hinabrollen musste, um meine Speichen zu schonen. Außerdem war der Highway 88 heute wesentlich stärker befahren als gestern. Ein junger Wanderer mit Hund kam mir entgegen und fragte mich, wie weit es bis zur nächsten Stadt oder nach Nevada sei. Meine wahrheitsgemäße Antwort hat ihn offenbar frustriert – ich nahm an, dass dieser Typ vor irgendetwas auf der Flucht war, sonst hätte er gewusst, dass auf absehbare Zeit kein Ort kommen würde. Nach 37 Kilometern hoffte ich auf einen Kaffee in *Ham's Station*, doch die Inhaberin war gerade unterwegs, um die Vorräte aufzustocken, und hatte deshalb die Tür verschlossen. Fünf Kilometer weiter gab es wieder einen kleinen *Country Store* mit Restaurant, aber sie hatten dort wenig Auswahl und überhaupt keine Früchte im Angebot. Dann verließ ich die Hauptstraße und zweigte auf die unbedeutende, aber landschaftlich sehr schöne Omo Ranch Road ab, die durch duftenden Kiefern- und später Mischwald weiter abwärts führte. Das Nest Omo Ranch lag schon nur noch bei 1000 Höhenmetern. Weiter ging es über Fair Play nach Somerset. In dieser Gegend gab es schon Weinberge. Laut Karte sollte es auf dem nun folgenden Abschnitt nach Placerville noch einmal spürbar bergauf gehen. Ich entschied mich für eine ebenfalls auf der Karte eingezeichnete, drei Kilometer kürzere Alternative. Eine schweißtreibende Kletterei blieb mir dennoch nicht erspart, im Gegenteil: Zwei kurze Passagen waren so steil, dass ich schieben musste, aber der Anblick der lieblichen Landschaft war alle Mühe wert. Je näher ich Placerville kam, desto mehr noble Grundstücke säumten die Straße. Nach 96 Kilometern hatte ich Placerville erreicht. Ich kündigte Jim per SMS an, dass ich mich erheblich verspäten würde, und verließ den Ort erst um 14:20 Uhr. Eigentlich wollte ich nun, um Zeit zu gewinnen, bis Folsom auf Highway 50 fahren, musste allerdings feststellen, dass dort nur Kraftfahrzeuge erlaubt waren. Also hielt ich mich an die ACA-Route und benutzte die Green Valley Road. Doch bald verlor ich weitere Zeit, weil westlich des Ortes Rescue Rollsplitt aufgetragen und festgedrückt wurde. Geschlagene 20 Minuten musste der Verkehr warten, bis der *Flagger* uns endlich durchwinkte. Entsprechend frustriert waren einige Autofahrer. Sie scherten sich nicht um die Geschwindigkeitsbegrenzung von 15 mph, mit der Folge, dass mich mehrfach kleine Kiesel trafen. Danach ging es aber zügig voran und noch immer etwas bergab. In Folsom begann ein wunderbarer Radweg durch den Grüngürtel entlang des American River. Dieser Radweg verlief weit vom Straßenlärm entfernt und war fast 50 Kilometer lang, erstreckte sich also bis *Downtown* Sacramento. Ebenfalls 50 Kilometer (ab Placerville gerechnet) dauerte es, bis ich mir eine Pause genehmigte. Zum Glück gab es mehrere Trinkwasserhähne entlang des Radweges, sodass ich genug Wasser zur Verfügung hatte, obwohl ich nicht mehr einkaufen konnte. Obwohl Hunderte Radfahrer unterwegs waren, fiel ich mit all meinem Gepäck offenbar auf. Mehrfach wurde ich angesprochen, unter anderem von Kathy und Kelly, die mir sogar eine Lance-Armstrong-Zitronenwaffel schenkten. *Google Maps* zeigte mir die Stelle, an der ich den Radweg verlassen musste. Das Haus von Jim und Polly lag nur wenige Minuten entfernt in einer vornehmen Wohngegend im Osten der Halbmillionenstadt Sacramento, der Hauptstadt Kaliforniens. Man musste, um in die Straße einfahren zu können, einen Code eingeben, damit sich ein schweres Eisentor öffnete. Ich wusste zwar den Code, verstand aber seine Anwendung nicht. Eine freundliche Nachbarin ließ mich durch. Ich bedankte mich und unterhielt mich noch eine Weile mit ihr. Jim und Polly waren nämlich noch nicht zuhause, hatten aber die Haustür offen gelassen und mir alles erklärt. Wäre ich pünktlich gewesen, hätte ich zur selben Zeit mit ihnen im Restaurant gesessen und wäre von Jim eingeladen worden. Durch die vielen Gespräche war es letztlich 18:45 Uhr geworden, als ich eintrat. Als um 19:30 Uhr meine Gastgeber heimkamen, war ich endlich frisch geduscht. Jim bereitete mir ein Abendessen aus Resten zu, die aber äußerst gut schmeckten. Jim war ein sehr rüstiger 77-jähriger Ex-Rechtsanwalt. Er war in den 50er-Jahren als junger Soldat in Süddeutschland stationiert gewesen und sprach fünf Sprachen (darunter Russisch). Jim war noch immer auf dem Rennrad aktiv. Er hatte sowohl die Lands-End-John-O'Groats-Tour als auch den Donau-Radweg von Donaueschingen bis Budapest bereits absolviert und auch diverse Tandem-Touren zusammen mit Polly unternommen, darunter eine mehrwöchige Frankreich-Rundreise. Jim schenkte mir eine Landkarte der vor mir liegenden Region, die mir nun, da ich die ACA-Route bald verlassen würde, noch gute Dienste leisten würde. Außerdem empfahl er mir besonders schöne Routen zur Küste und riet von bestimmten anderen Strecken ab. – Für mich war es die zweite 100+(Meilen)- Etappe, was angesichts eines Höhenunterschiedes von 2300 Metern zwischen Start und Ziel aber schwieriger klingt als es war.

Donnerstag, 13. Juni 2013 / 59. Etappe: Sacramento, CA – Winters, CA (77 km)

Ich verließ das Anwesen gegen 8:15 Uhr und freute mich bereits nach wenigen Minuten über weitere 18 Kilometer auf dem tollen *American River Bike Trail* zurücklegen. Dieser endete an der Mündung in den Sacramento River. Ich befand mich nun im Herzen von Sacramento, der so genannten *Old Town*. Der Begriff ist natürlich relativ, da hier nichts älter als 160-200 Jahre war. Die prächtigen Gebäude im Westernstil beherbergten meistens Restaurants, Souvenirläden oder Museen. Ich beschloss, meine heutige Etappe in Grenzen zu halten und die Zeit für einen Besuch im Eisenbahnmuseum zu nutzen. Zuvor brauchte ich aber mal wieder Bargeld. Nachdem es zuletzt (in den Touristengebieten) dreimal gut klappte, war man in der Hauptstadt mit den Reiseschecks offensichtlich überfordert. Beim zweiten Versuch, in der *Bank of America*, wurde mir nach langer Warterei schließlich gesagt, dass sie die Schecks einlösen könnten. Was die Angestellte verschwiegen hatte, bevor ich vier Schecks unterschrieb, war die Gebühr von fünf Dollar, aber pro Scheck! In Ely hatte die gleiche Bank gar keine Gebühr verlangt. – Das *California State Railroad Museum* zeigte die Geschichte der Transkontinental-Eisenbahn im 19. Jahrhundert, veranschaulichte die Schwierigkeiten bei der Erschließung möglicher Trassen durch die Berge, und hatte diverse Fahrzeuge, sowohl Dampfloks als auch Funktionswagen (Schlaf-, Speise-, Postwagen) ausgestellt. Gegen 14:45 Uhr setzte ich meine Radtour fort. Mit dem kühlenden Wind aus Nordnordost waren die inzwischen 30°C kein Problem. Nachdem die teilweise nach Londoner Vorbild errichtete *Tower Bridge* überquert und die westliche Vorstadt passiert war, begannen die sechs lautesten Kilometer der gesamten Reise, denn der Radweg führte unmittelbar neben der Leitplanke der *Interstate* 80 entlang. Dann trennten sich die Routen wieder. Nach fast zehn Wochen in den USA sah ich zum ersten Mal einen Personenzug, und ich passierte Davis, eine hübsche Universitätsstadt mit viel Grün, vielen Straßencafés und vielen Fahrrädern. Ein Radweg in ziemlich schlechtem Zustand führte parallel zur Russell Road weiter nach Westen. Als der Radweg endete, bog die *Western-Express*-Route nach links ab, überquerte den Putah Creek und passierte ein herrlich duftendes Lavendelfeld. Die verbleibende Strecke bis zur 6000-Einwohner-Stadt Winters führte durch endlose Plantagen von Mandel-, Nuss- und Aprikosenbäumen. In Winters angekommen stellte ich entsetzt fest, dass es hier kein Motel gab. Die einzige Frühstückspension war bereits voll, ein acht Kilometer entfernter Campingplatz hatte nur am Wochenende geöffnet, und die Stadtverwaltung, wo ich hätte fragen können, war bereits geschlossen. Wildes Zelten war quasi unmöglich. Überall wurde am Straßenrand darauf hingewiesen, dass es sich bei dem Land um

Privatbesitz handelte und dass Eindringlinge die volle Härte des Gesetzes zu spüren bekommen würden. Ich fand mich schon mit einer Nacht unter freiem Himmel im Park ab (dort gab es kein Verbotsschild), entdeckte aber in einer Seitenstraße eine Kirche. Der Pastor hatte mich auch schon bemerkt und kam heraus. Er willigte ein, dass ich mein Zelt auf dem Hinterhof aufbauen durfte, und bescherte dieser absolut flachen Etappe zwischen Sierra Nevada und Küstengebirge somit doch noch ein gutes Ende.

Freitag, 14. Juni 2013 / 60. Etappe: Winters, CA – Napa, CA (62 km)

Der Pazifik war nah, und ich wollte ihm heute schon ziemlich nah kommen. Aber das Napa Valley und das Schicksal hatten etwas anderes vor. Die *Western-Express*-Route führte von Winters über Vacaville nach Vallejo, von wo aus Radfahrer eine Fähre nach San Francisco benutzen sollten. Man hätte die Stadt anschließend wieder verlassen müssen, um zum Südende der Golden Gate Bridge zu gelangen, ohne diese noch zu überqueren. Da dies meiner Meinung nach kein würdiges Ende einer solchen Reise war und ich noch viel Zeit hatte, beschloss ich, weiter nördlich auf die Pazifik-Küste zu treffen und später von Norden über die Brücke nach San Francisco zu gelangen. Mir war klar, dass dies noch einige Kletterei in den bis zu 700 Meter hohen Hügeln nördlich der *Bay Area* bedeutete. Jims Landkarte gab keine Auskunft zu Übernachtungsmöglichkeiten. Darum musste ich mich also unterwegs selbst kümmern. – Ich verließ Winters über den Highway 128 und erreichte bald den Eingang zum sehr reizvollen Canyon des Putah Creek. Dieser wird aus dem Lake Berryessa gespeist, einem großen Stausee. Die Straße wand sich oberhalb der Staumauer weiter in die Berge, mit ein paar rasanten Abfahrten zwischendurch. Ich spürte, dass die Luft hier feuchter war als vor wenigen Tagen in Nevada, denn die Steigungen waren schon am Vormittag schweißtreibend und ich nutzte jede Gelegenheit zu einem kühlen Getränk. Highway 121 Richtung Napa war noch kurviger, steiler, spektakulärer und teilweise von ausladenden Bäumen gesäumt, welche die Straße unter einem wunderschönen Blätterdach verbargen. Wo die Landschaft sich öffnete, befanden sich Weinberge. Der Großteil des kalifornischen Weins wird im Napa Valley produziert. Eine rasante Abfahrt führte mich in die Stadt Napa. Ich hatte vor drei Tagen von Gabriel und Stan in Kirkwood die Adresse von einem Fahrradhändler namens Bob bekommen, der angeblich Radler in seinem Garten zelten ließ. Ich hatte nicht geplant, meine Tagestour schon in Napa enden zu lassen, darum wollte ich in der Stadt nur eine Pause zur Quartiersuche nutzen und Bob einen kurzen Besuch abstatten. Ich musste aber feststellen, dass ich offenbar in eine der teuersten Gegenden von Kalifornien geraten war. Es gab fast nur Hotels und kaum Motels, und das günstigste Motel in Napa kostete 115 Dollar pro Nacht. In Petaluma hätte es eine Möglichkeit für knapp 70 Dollar gegeben, aber das wären noch über 50 Kilometer über zwei Berge bei 29°C gewesen, und es war schon 14 Uhr. Also betrat ich den Fahrradladen und sprach Bob auf die Möglichkeit an, mir eine Zeltgelegenheit zu vermitteln. Gabriel hatte ihm schon geschrieben, dass vermutlich ein Typ namens Peter aufkreuzen würde… Bob war sehr herzlich und bot mir an, nach Feierabend zu ihm nach Hause zu kommen. Dort angekommen, erwiesen sich er und seine Frau Margaret als überaus offene, selbstlose und hilfsbereite Gastgeber. Obwohl sie mich überhaupt nicht kannten, luden sie mich sogar ein, statt zu zelten im Gästezimmer zu übernachten und die Dusche zu benutzen. Da eine Mischung aus Schweiß und Sonnenmilch von zwei Tagen an meiner Haut klebte, konnte ich dieses verlockende Angebot nicht ablehnen. Wir unterhielten uns noch eine Weile sehr angeregt. Bob kannte die *Bay Area* sehr gut und gab mir einige Tipps. Margaret trainierte gerade für einen Ironman-Triathlon (ein paar davon hatte sie schon bestritten). Ich war überaus dankbar, diesen Menschen begegnet zu sein.

Samstag, 15. Juni 2013 / 60. Etappe: Napa, CA – Point Reyes, CA (154 km)

Ich verabschiedete mich von meinen freundlichen Gastgebern bereits um 6:15 Uhr. Heute würde ich also den Pazifischen Ozean erreichen! Zuerst musste noch einmal der WiFi-Zugang vor einem Hotel in der Innenstadt seinen Dienst für mich leisten, dann machte ich mich auf den Weg Richtung Highway 121. Dieser war sehr belebt, hatte aber einen guten Seitenstreifen und führte über einen harmlosen Hügel Richtung Sonoma. Beim Frühstück an der Kreuzung mit Highway 116 sprach mich ein Autofahrer an: „Ich hoffe, du biegst nicht links ab!" Auf meine Frage nach dem Grund seiner Sorge meinte er: „Nirgendwo in Kalifornien werden so viele Radfahrer getötet wie auf diesem Abschnitt." Ich konnte ihn beruhigen, denn ich wollte in die Gegenrichtung. Wieder waren die Hügel recht kurz und problemlos. In Petaluma kaufte ich ein und konnte auch gleich noch ein paar Reiseschecks einlösen. Nun ging es auf der D Street, die nach Überqueren der *County Line* zur Petaluma Point Reyes Road wurde, weiter Richtung Naturschutzgebiet Point Reyes National Seashore. Hier gab es keine Weinberge mehr. Jede Menge Rennradfahrer waren unterwegs, offenbar unabhängig voneinander. Am Nicasio Reservoir kreisten unzählige Greifvögel am Himmel. Ich hatte mir dieses Gebiet ausgesucht, weil der Leuchtturm von Point Reyes mich reizte und sich als Ziel anbot. Der Leuchtturm steht auf einer Landzunge, 32 Kilometer von der Kreuzung bei Point Reyes Station entfernt. Per Fahrrad erreichbare Campingplätze in unmittelbarer Nähe zum Meer gab es nicht, daher hatte ich in der Jugendherberge ein Bett reserviert. Diese jedoch lag elf Kilometer in der Gegenrichtung. Also musste ich, wenn ich zum Leuchtturm wollte, die gleiche Strecke anschließend wieder zurückfahren. Der kleine, aber betriebsame Ort Point Reyes Station liegt am Ende des Fjordes Tomales Bay. Es war 13:15 Uhr, ich hatte 75 Kilometer bereits absolviert und rechnete für den Weg zum Leuchtturm etwa zwei Stunden. Ich erhielt bei einem Kajak-Verleih die Erlaubnis, einen Teil meines Gepäcks dort zu deponieren. Ich roch das Meer erstmals nach 80 Kilometern, aber das war ja erst die Bucht und „zählte noch nicht als Pazifik". Der Weg führte zunächst ein paar Kilometer geschützt auf der Westseite der Tomales Bay entlang, bevor er sich hinauf ins Farmland der Halbinsel wand. Dort oben wurde ich von einem heftigen Seitenwind traktiert. Nach 92 Kilometern sah ich erstmals das offene Meer, aber ich empfand nichts Besonderes dabei. Ich konnte noch nicht begreifen, dass ich in diesem Moment den Kontinent durchquert hatte. Der Küstennebel verschlang die Sonne, und es wurde unangenehm kühl. Es war Wochenende, und auf der Straße herrschte reger Betrieb. Je näher ich dem Leuchtturm kam, desto steiler wurden die Aufs und Abs, desto schlechter wurde die Straße und desto weniger war zu sehen. Die Landschaft erinnerte mich an Schottland, es fehlten nur die Schafe… Zum Schluss musste ich zwei besonders steile Rampen hinaufschieben. Letztlich erreichte ich die 360 Stufen zum Leuchtturm, stieg aber nicht ganz hinab, weil es mir auf der nur etwa 70 Zentimeter breiten Treppe zu voll war. Zu sehen war ohnehin kaum etwas; der Nebel verhinderte schöne Fotos. Natürlich war ich enttäuscht. Ich überlegte, mich auf dem Rückweg für ein kleines Handgeld mitnehmen zu lassen, aber der erste *Pickup*-Fahrer sagte gleich, dass es verboten sei, Anhalter mitzunehmen. Um 17:45 Uhr erreichte ich wieder das Kajak-Büro. Ich musste noch etwas Smalltalk über Deutschland ertragen und konnte dann zur Jugendherberge aufbrechen. Diese lag an der Straße zum Limantoul Beach, die zunächst langsam auf 240 Höhenmeter anstieg, bevor sie teilweise sehr steil Richtung Meer abfiel. Ich kam hier wirklich an meine Grenze. Ich hatte viel zu wenig gegessen, mich in der zweiten Tageshälfte nur noch von Müsliriegeln ernährt, weil ich es zeitlich sonst nicht geschafft hätte. Es war zwar kilometermäßig „nur" die drittlängste Etappe, aber bei keiner anderen habe ich so lange auf dem Rad gesessen wie heute (8:49 Stunden). In der Herberge war es friedlich, nur in der Küche war Hochbetrieb. Ich bekam ein Bett in einem Achterzimmer. Zu den Zimmergenossen gehörte auch Renato aus Brasilien. Er war per Fahrrad auf der Küstenroute unterwegs, von Seattle nach San Diego. Das Meer lag hinter Hügeln, aber ein Fuß- oder Radmarsch zum Strand hätte sich wegen des Nebels auch sonst nicht gelohnt.

Sonntag, 16. Juni 2013 / 62. Etappe: Point Reyes, CA – San Francisco, CA (75 km)

Bevor ich losfuhr, machte ich mir Sorgen um mein Fahrrad. Ich hatte gestern ein deutliches Schleifen festgestellt und fürchtete einen Speichenbruch. Die Fahrt zum Leuchtturm hatte das Material jedenfalls stark beansprucht. Es war zwar keine Speiche gebrochen, aber das Hinterrad eierte. Ich traute mich nicht, die Speichen so nachzuziehen, wie es sinnvoll gewesen wäre, denn ich stellte fest, dass sich bei einigen Speichenköpfen winzige Risse in der Felge zeigten. Nun, das musste jetzt für die restlichen paar Meilen noch halten – später in Deutschland würde ich die Sache einem Profi anvertrauen. Die dicke Wolke im Westen bestätigte meinen Entschluss, nicht zum Limantour Beach zu fahren; schließlich hätte ich jeden verlorenen Höhenmeter wieder hinauffahren beziehungsweise –schieben müssen. Über der Jugendherberge sowie über dem Festland im Osten schien dagegen die Sonne. Schieben musste ich zu Beginn dennoch, denn eine kurze Rampe mit 17% Steigung war mir doch erheblich zu steil. Schließlich sauste ich hinab zur Bear Valley Road, besuchte noch das *Visitor Center* des Naturschutzgebiets und war bald in Olema. Überall wurde ich in Gespräche über meine Tour verwickelt, denn auf meinem Rücken war ja zu lesen, woher ich gekommen war und dass ich mein Ziel fast erreicht hatte. In Olema erreichte ich auch den kalifornischen *Highway Number One*, der von vielen als die schönste Küstenstraße der Welt bezeichnet wird. Ob es nun hier oder in Südafrika schöner ist, spielte keine Rolle – die Route war jedenfalls sehr schön, und ich war glücklich, einen kleinen Teil davon per Fahrrad befahren zu können. Wieder waren viele Rennradler unterwegs. Heute war *Father's Day*, was viele für einen Ausflug nutzten. Zwischen Olema und Bolinas führte die Straße durch üppigen Wald. Jim in Sacramento hatte mir geraten, Bolinas unbedingt anzusehen. In der Tat war der kleine Fischerort sehr pittoresk, und ich konnte endlich den Pazifik bei Sonnenschein aus der Nähe sehen. Bis Stinson Beach verlief die Straße flach entlang einer Bucht. Dort herrschte Hochbetrieb, und der Strand sah auch wirklich einladend aus. Südlich von Stinson Beach begann der landschaftliche Superlativ. Die Straße wand sich direkt an der Steilküste entlang, teilweise mit engen Kurven und mit insgesamt je vier langen Kletterpassagen und Abfahrten. Es machte sehr viel Spaß, selbst als ich an der dritten Steigung einmal kurz schieben musste. Die Autofahrer verhielten sich mir gegenüber auf diesem gefährlichen Teil sehr rücksichtsvoll, wie eigentlich fast überall während meiner Reise. Die vierte Steigung war nötig, um Marin Headland zu überqueren. Nachdem der höchste Punkt erreicht war, führte die Abfahrt auf die Ostseite der Halbinsel nach Marin City hinab: Die *Bay* war erreicht. Bald darauf war ich in Sausalito, dem letzten Ort nördlich der Golden Gate Bridge, und nahm dort noch einen letzten Imbiss vor dem großen Finale zu mir. Es war äußerst touristisch hier, aber auch schön. Einige Häuser waren auf Pfählen ins Wasser gebaut. Voller Adrenalin nahm ich den letzten steilen Anstieg zur Golden Gate Bridge, die vorher noch gar nicht zu sehen war, in Angriff. Bevor ich die Brücke befuhr, schaute ich mir erst einmal alles von oben an. Ein Aussichtspunkt erlaubte fantastische Blicke auf die Brücke, auf die Bucht mit der Gefängnisinsel Alcatraz und auf die Stadt San Francisco mit ihren Hügeln und Wolkenkratzern. Zu meiner größten Freude war die Brücke nebelfrei. Direkt davor zu stehen oder gar langsam über sie zu fahren ließ mir die Golden Gate Bridge noch viel imposanter als auf Bildern erscheinen, und sie war wirklich ein angemessener und emotionaler Schluss für eine solche Reise. Um 15:55 Uhr befuhr ich den Radweg auf der Brücke. Im Gegensatz zu den Autofahrern hatte ich zwischendurch die Möglichkeit zum Halten. An Wochenenden war für Fahrräder die Westseite vorgesehen, Fußgänger gingen auf der Ostseite. Ich fuhr also auf der zum offenen Meer gerichteten Seite. Dort, wo ich am Südende wieder festes Land erreichte, stand ein Besucherzentrum, in dem einiges über die Konstruktion und den Bau der Brücke in den Jahren 1933-1937 zu erfahren war.

Mein Ziel war erreicht, ich hatte die Vereinigten Staaten von Amerika von Ost nach West durchquert! So glücklich ich auch war – richtig begreifen konnte ich es in diesem Moment noch nicht. Alles Weitere, die letzten paar Kilometer, der Rest dieses Tages und der Rest meines Aufenthaltes in diesem Land, war Zugabe. Ich hatte gestern ein Bett in einer Jugendherberge am ehemaligen Fort Mason, nicht weit von Fisherman's Wharf, gebucht. Als ich dort eintraf, hatte ich 6433 km hinter mir. In meinem Zimmer traf ich Ian, einen in London lebenden Schotten, der gerade mit dem Fahrrad von Vancouver nach San Diego reiste. Kurz vor Sonnenuntergang spazierte ich zur nahen *Municipal Pier* und genoss herrliche Blicke im Licht der tief stehenden Sonne.

Epilog: Die restlichen Tage und die Rückreise

Montag, 17. Juni 2013

Der Montagvormittag war zunächst ziemlich entspannt. Da die anderen drei Betten im Zimmer der Jugendherberge von Schnarchern belegt waren, war ich früh wach. Das kostenlose Frühstück wurde zwar in Bio-Qualität bereitgestellt, war aber viel zu wenig zum Sattwerden. Bei erneut strahlendem Sonnenschein machte ich mich früh zu Fuß auf, um ein wenig vom Flair San Franciscos zu erleben. Das Fahrrad hatte nun Pause. Ich ging zunächst Richtung Fisherman's Wharf, wo alles auf Tourismus ausgerichtet war. Danach stieg ich über sehr steile Straßen auf den Telegraph Hill. Den *Coit Tower* bestieg ich nicht, weil schon bei Öffnung um 10 Uhr eine lange Reihe von Besuchern vor dem Fahrstuhl wartete und ich keine Lust auf Schlangestehen hatte. Rund 80.000 Chinesen leben in San Francisco, die meisten in Chinatown. Auch öffentliche Schilder enthielten hier chinesische Schriftzeichen. Westlich davon schloss sich Nob Hill an. Hier standen eine Reihe von Nobelhotels sowie die beeindruckende *Grace Cathedral*. Die Steilheit der Straßen war faszinierend, ebenso wie die Blicke durch die Häuserschluchten. Im Zickzack spazierte ich anschließend auf den Russian Hill. Von hier führt die weltberühmte, blumengesäumte Passage der Lombard Street hinab. Einen

Teil des Nachmittags verbrachte ich mit der Planung der nächsten Tage. Ich wiederholte eine Anfrage beim Reisebüro, denn ohne Gewissheit über den Rückflug konnte ich nichts planen. Eine Online-Umbuchung wäre nur möglich gewesen, wenn ich auch die Ursprungsbuchung per Internet getätigt hätte. Wegen der Zeitverschiebung musste ich die Umbuchung per E-Mail beauftragen. Da die Jugendherberge morgen ausgebucht war, schrieb ich außerdem drei Gastgeber aus dem Netzwerk an und hoffte, dort entweder selbst unterzukommen oder mein Fahrrad abstellen zu können. Am späten Nachmittag trafen Johannes und Thomas aus der Pfalz ein. Sie waren gerade in Amerika gelandet und freuten sich auf eine Rundreise.

Dienstag, 18. Juni 2013

Gegen halb zwei in der Nacht piepte mein Smartphone. Ich hatte eine E-Mail vom Reisebüro bekommen und sollte sofort darauf reagieren. Ich erfuhr, dass ich auf den 22. Juni umgebucht wurde. Das passte mir hervorragend, denn so hatte ich noch drei volle Tage Zeit. Nach dem Frühstück buchte ich ohne langes Suchen gleich ein Zimmer für die letzte Nacht, das einigermaßen günstig lag und sich preislich in Grenzen hielt (die Herberge im Fort Mason war auch für jenen Tag schon ausgebucht). Danach mietete ich für heute Nachmittag ein Auto bei *Enterprise* in der Nähe des Union Square. Von den drei möglichen Gastgebern hatten zwei nicht reagiert und einer abgesagt. Ich wusste also nicht, wo ich das Fahrrad lassen könnte, denn die Herberge lehnte eine weitere Aufbewahrung aus Platzgründen ab. Ich hoffte auf einen Fahrradladen in der 4th Street, nicht weit von der Enterprise-Agentur in der Ellis Street. Die verbleibende Zeit nutzte ich, um nochmals mit dem Rad über die Golden Gate Bridge zu fahren, diesmal auf der Ostseite. Allerdings liefen dort auch die Fußgänger, denn die Westseite war wegen Bauarbeiten gesperrt. Das gab ein ziemliches Gedränge. Außerdem wehte ein empfindlich kalter Wind, und es bewölkte sich. Als ich auf der Nordseite der Brücke am Aussichtspunkt stand, begann der Nebel, zunächst den Südpfeiler und später die gesamte Brücke zu umhüllen. Nach dem Mittagessen radelte ich zu *Pacific Bicycles*. Dort war man freundlicherweise sofort bereit, mein Fahrrad drei Tage lang aufzubewahren. Ich ließ mein Gepäck zunächst auf dem Rad und ging zu Fuß zur Autovermietung. Ich bekam einen viel zu großen und sportlichen Hyundai Elantra. Mit dem musste ich zunächst durch das Einbahnstraßenchaos in der Downtown zum Fahrradladen zurückfahren. Als alles eingeladen war, steuerte ich den Wagen in Richtung Twin Peaks. Das dauerte ziemlich lange, weil ich zunächst begreifen musste, dass die als Durchgangsstraße eingezeichnete Market Street in der *Downtown* für Durchgangsverkehr gesperrt war und dass man fast nirgendwo links abbiegen durfte. Auf den etwa 290 Meter hohen Hügeln herrschte eisiger Wind, und es gab nur kurze Lücken zwischen den Nebelschwaden. Normalerweise hatte man von hier einen grandiosen Rundblick über die Stadt und die umliegenden Gegenden. Am Strand der Westseite schien die Sonne noch. Mit dem Auto überquerte ich nun ein weiteres Mal das *Golden Gate*. Unmittelbar danach bog ich links auf die kurvige und steile Straße zum Bonitas Lighthouse. Leider war der Fußweg vom Parkplatz zum Leuchtturm schon geschlossen. An diesem Abend fuhr ich noch bis Rancho Cordova, einem östlichen Vorort von Sacramento, wo ich in einer ruhigen Seitenstraße im Auto schlief.

Mittwoch, 19. Juni 2013

Ich würde mich wohl nie an die Entfernungen in Amerika gewöhnen. Was auf der Karte nah aussah, beanspruchte zum Hinkommen ganz viel Zeit. Das war mit dem Auto nicht anders als per Fahrrad. So war es wohl zu erklären, dass ich trotz einer beachtlichen Kaffeemenge am Morgen schon wieder müde war, bevor ich den Lake Tahoe erreichte. Ein kurzes Nickerchen auf einem Parkplatz tat gut. Der See profitiert von seiner Lage direkt am Osthang der Sierra Nevada. Sein Westufer bekommt im Regenschatten der Berge noch einiges an Regen und Schnee ab, während auf der gegenüberliegenden Seite an der Carson Range nur ein Drittel davon fällt. Ich fuhr auf der Westseite bis zur Emerald Bay, wo es besonders fotogen war. Vom *Visitor Center*, am Südufer gelegen, spazierte ich zum Strand, wo sanfte Wellen plätscherten. Mein nächstes Ziel war der Mono Lake. Um dorthin zu kommen, gab es zunächst keine Schnellstraße. Zwei hohe Pässe waren zu überwinden, zunächst der Luther Pass. Die Abfahrt führte mich auf Highway 88 nach Woodfords. Ich kehrte in demselben Café ein, wo ich vor acht Tagen vor meiner schönsten Bergfahrt gefrühstückt hatte, aber es war eine andere Angestellte im Dienst. Durch das bezaubernde Tal des östlichen Carson-River-Zuflusses näherte ich mich dem spektakulären Monitor Pass. Auf dessen Ostseite bot sich mir das beeindruckende Bild einer völlig andere Landschaft: Ich blickte auf das Blassbraun der trockenen Berge und Täler Nevadas. Ich blieb aber knapp auf kalifornischem Gebiet, nun südwärts auf Highway 395. Eigentlich hatte ich geplant, die als *State Park* betriebene Geisterstadt Bodie anzusehen, wo die Gebäude noch im Zustand des Verlassens bewahrt wurden. Diese lag gut 20 km östlich des Highways. Ich kehrte allerdings vorher um, da die letzten fünf Kilometer über eine ganz üble Schotterpiste führten. Nach über einer Stunde und einem letzten Pass lag plötzlich der Mono Lake bildschön unten vor mir. Der See ist bekannt für seine bizarren Steinsäulen. In Wirklichkeit handelte es sich um Kristallgebilde, die aus unterseeischen Quellen in stark salzhaltigem Gestein stammten und erst nach und nach sichtbar wurden, nachdem im Jahr 1941 begonnen worden war, vier der sechs Zuflüsse anzuzapfen und das Wasser nach Südkalifornien zu leiten. Der See hatte bereits die Hälfte seines Volumens verloren, der Wasserspiegel war um 14 Meter gesunken und eine ehemalige Insel war keine Insel mehr. Im Jahr 1994 wurde beschlossen, dass der See gerettet, die Entnahme von Wasser stark gedrosselt und ein um sechs Meter höheres Niveau wieder erreicht werden müsse. Die Maßnahmen hatten bereits zu einer Erholung geführt. Obwohl es von fern nicht so aussah, diente das Feuchtgebiet am Ufer unzähligen Lebewesen als Heimat. Im Osten erstreckte sich nahtlos die Steppe, die in die Wüste von Nevada überging. Am Westufer lag der Ort Lee Vining. Hier, am Fuß der Berge und am Beginn der Straße zum Tioga Pass, über die im Sommer der Yosemite-Nationalpark erreicht werden kann, habe ich die mit Abstand höchsten Preise für Lebensmittel und Benzin bezahlt. Andererseits konnte ich Übernachtungskosten sparen und einmal mehr im Auto schlafen. Am

Rand des Stadtparks gab es sogar eine geöffnete Toilette sowie einen Trinkwasserhahn. Lee Vining lag mehr als 2000 Meter hoch, und die Nacht war empfindlich kalt.

Donnerstag, 20. Juni 2013
Kurz nach sechs bei 3°C weckte mich die strahlende Morgensonne. Versorgt mit einem großen Becher Kaffee machte ich mich auf den Weg über die 16 Kilometer lange und recht steile Straße zum 3030 m hohen Tioga Pass. Der Yosemite-Nationalpark, der mich vor allem wegen seiner Wasserfälle anzog, stand ganz oben auf meinem Wunschzettel. Nachdem ich ihn wegen des Reifenproblems in Nevada nicht per Fahrrad erreichen konnte, freute ich mich umso mehr, nach 20 Jahren doch noch einmal an diesen Ort zurückzukehren. Damals war September, und einige Wasserfälle waren ausgetrocknet, andere zu Rinnsalen verkümmert. Deshalb wollte ich gern noch einmal im Frühsommer zurückkehren. Oben hatte es Nachtfrost gegeben. Der Zauber der Landschaft mit klaren Bächen, saftigen, teilweise leicht mit Tau bedeckten Wiesen, weißen Felsen und dunkelgrünen Kiefern und Tannen wurde durch die flache Lichteinstrahlung noch verstärkt. Ich hätte unzählige Fotos schießen können. Wegen der niedrigen Luftfeuchtigkeit war die sonnige, kühle Morgenluft sehr angenehm. Auf der Ostseite des Lake Tenaya gab es einen kurzen Weg zum Ufer. Ein Schild verriet, dass man „bei entsprechenden Bedingungen" den Tenaya Creek überqueren und zu einem auf der Südseite verlaufenden Wanderweg gelangen konnte. Mangels Brücke beschloss ich, an einer flachen Stelle durch das eiskalte Wasser zu waten. Die Durchblutung lief anschließend auf Hochtouren. Dieser etwa drei Kilometer lange Morgenspaziergang in der Stille war unbeschreiblich schön, obwohl ich vergessen hatte, mich gegen die Mücken zu schützen. Für den Rückweg vom Westufer nahm ich den kostenlosen Shuttle Bus in Anspruch, den die Parkverwaltung im Bereich Tuolumne Meadows (im Hochland) sowie im Yosemite Valley anbot. Dieses sehr vernünftige Angebot relativierte auch den Eintrittspreis für den Park von 20 Dollar (zumal das Ticket eine ganze Woche galt). Am Olmsted Point begannen mehrere Wan-

derwege, und man hatte eine fantastische Aussicht durch den Tenaya Canyon bis zum Half Dome, dem Wahrzeichen des Nationalparks, einem etwa 1000 Meter hohen Monolithen, der aussah, als hätte man ihn in der Mitte längs durchgeschnitten. Die Straße ins Tal zog sich scheinbar endlos dahin. Zwischen dem Tioga Pass und der Kreuzung mit der vom Westeingang kommenden Straße lagen 72 Kilometer, und der Zentralparkplatz beim *Visitor Center* war weitere 26 Kilometer entfernt. Der Höhenunterschied betrug 1500 Meter! Unten war es 24°C warm. Wie erwartet war die Straße bereits sehr belebt. Der Parkplatz am Bridalveil Fall und der kurze Spazierweg dorthin waren total überfüllt. Die Talstraße führte am lieblichen Merced River entlang. Auf der anderen Seite thronte El Capitan, der Berg, der wie ein Wächter im Westen des Tals stand. In der Nähe stürzte das Wasser des Yosemite Creek in zwei großen und ein paar kleinen Kaskaden viele hundert Meter tief ins Tal. Der Upper Yosemite Fall ist der höchste gemessene Wasserfall Nordamerikas. Ich parkte das Auto auf dem Großparkplatz bei Curry Village. Kurz dahinter beginnt der *Mist Trail*. Ich stieg ihn etwa zweieinhalb Kilometer hinauf, bis zum Vernal Fall. Der Weg führte noch weiter bis zum Nevada Fall und zum Half Dome, aber aus Zeitgründen musste ich Abstriche machen. Nach dem Rückweg war ich kurz im *Visitor Center*, kaufte ein paar Souvenirs und etwas zu essen, bevor ich auf die 50 Kilometer lange und sehr kurvenreiche Straße Richtung Südausgang aufbrach. In dessen Nähe wartete eine völlig andere Attraktion. Mariposa Grove beherbergt etwa 50 riesige Sequoias (Mammutbäume). Mehrere Fußwege führten vom Parkplatz zu den prächtigsten Exemplaren. Einer davon hieß *Grizzly Giant*. Er hatte einen Umfang von 29 Metern, und der Durchmesser eines in etwa 15 Meter Höhe wachsenden Astes übertraf jeden Baumstamm in diesem Gebiet, der nicht zu einem Sequoia gehörte. Bei Sonnenuntergang verließ ich den Nationalpark, hätte aber ohne weiteres eine Woche bleiben können. Selbst die Menschenmengen waren erträglich – die meisten schienen sich gegenüber der Natur respektvoll zu verhalten. Nun ging es am Südwesthang der Sierra Nevada viele Kilometer bergab. Als ich die Ebene erreichte, war es bereits stockdunkel. Ich erkannte noch, dass ich zunächst ausgedehnte Obstplantagen passierte und später durch Getreidefarmland fuhr. Als ich knapp 20 Kilometer östlich von Los Banos das Auto abstellte, hatte ich bereits wieder zweieinhalb Stunden am Steuer gesessen.

Freitag, 21. Juni 2013

Nach zwei Stunden Fahrt und Überquerung zweier kleinerer Bergketten frühstückte ich in Santa Cruz. Ich war zurück auf Highway 1, und wieder hatte er fantastische Abschnitte mit Klippen und Stränden zu bieten. Besonders begeisterte mich die Kulisse beim Leuchtturm am Pigeon Point. Ich nahm das Bild tief in mich auf und verabschiedete mich gedanklich schon dort vom Pazifik. Denn weiter nördlich wurde es urbaner, und der Verkehr forderte volle Konzentration. Da heute klare Sicht herrschte, fuhr ich nochmals zum Aussichtspunkt Twin Peaks hinauf, bevor ich ein letztes Mal das *Downtown*-Chaos überstehen musste. Ich durfte mein Gepäck eine halbe Stunde bei *Enterprise* im Büro lassen, holte mein Fahrrad und anschließend das Gepäck. Ich hatte ein Zimmer im *Europa Hostel* in der 6th Street gebucht. Dieser Stadtteil war alles andere als angenehm. Viele Gestrandete und Alkoholiker waren auf den Straßen zu sehen. Mein Zimmer lag im zweiten Stock, und ich musste alles über enge Treppen hinauftragen. Trotz „Nichtraucherhaus“ stank es im Zimmer nach kaltem Rauch, im Bett waren zwei Matratzenfedern deutlich zu spüren, Stuhl und Tisch gab es nicht, einen Aufenthaltsraum auch nicht. Hinter dem Fenster lag ein winziger Innenhof, wo es keinen Luftzug gab, der die Hitze lindern konnte. Aber immerhin befand sich das Zimmer nicht auf der Straßenseite, das Fahrrad passte hinein, und ich war in Sicherheit und konnte duschen. – Es war noch früh am Nachmittag, und ich unternahm erneut einen längeren Marsch durch die Stadt, über Union Square und durch Chinatown bis Fisherman’s Wharf. Dort hörte ich eine Weile zwei Straßenmusikern zu. Zum Abschluss meines Aufenthalts liebäugelte ich mit einer Fahrt im *Cable Car*. Nach etwa 40 Minuten Wartezeit an der Endstation der *Powell & Mason Line* ging es los, die Mason Street hinauf (allerdings nicht bis ganz oben), und die Powell Street sehr steil wieder hinab. Das Erlebnis war durchaus witzig, aber es rechtfertigte nicht ein stundenlanges Schlangestehen.

Samstag/Sonntag, 22./23. Juni 2013: Rückreise

Nun war endgültig Zeit zum Abschiednehmen von Amerika. Ich blieb so lange wie möglich im Zimmer der Herberge und verließ es gegen halb elf. Mit all dem Gepäck auf dem Rad und der Ungewissheit über den Zeitbedarf am Flughafen war es nicht mehr möglich, irgendetwas anderes zu unternehmen. Vom Flughafen trennten mich noch 25 Kilometer. Eine Route für Fahrräder hatte ich mir von aus dem Internet abgeschrieben. Die Straßen in den Außenbezirken der Stadt waren teilweise in katastrophalem Zustand. Aber ich kam unfallfrei dort an und fand schnell das richtige Flughafengebäude, wo die Atmosphäre angenehm und die Orientierung leicht war. Zuerst musste ich einen Fahrradkarton besorgen. Am Air-France-Schalter verwies man mich an eine neutrale Stelle für Sondergepäck. Tatsächlich verkauften sie dort Boxen, deren Maße auch innerhalb der zulässigen Höchstgrenzen liegen sollten. Nun war ich erleichtert und hatte genug Zeit, vor dem Kauf der Box, der Demontage des Fahrrades und dem späteren *Check-In* eine Pizza an einem der Gastronomiestände zu essen. Als ich anschließend die Fahrradbox entgegennahm, kam sie mir verdächtig klein vor. Meiner Bitte, vor dem Erwerb des Kartons zunächst testen zu dürfen, ob sie passte, wurde entsprochen. Auf dem Flur vor dem Schalter war ausreichend Platz vorhanden, und für vergleichbare Fälle waren sogar ein Montagegestell und Werkzeug vorrätig. Ich stellte ernüchtert fest, dass der Karton zu niedrig und viel zu kurz war. Ich hätte quasi alles abbauen müssen, einschließlich beider Räder, der Schutzbleche und der Beleuchtungskabel. Größere Boxen waren nicht auf Lager und wurden offenbar auch sonst niemals verlangt. So traf nun das ein, was ich im Hinterkopf stets einkalkulieren musste. Ich hatte keine Zeit mehr, nach einer Alternative zu suchen (im Fahrradladen in der 4th Street hätte man bestimmt eine Lösung gewusst!), und keine Energie mehr, um zu kämpfen. Schweren Herzens baute ich alles Zubehör ab und verstaute es in meinem normalen Gepäck. Dann schob ich meinen treuen Reisebegleiter zum Fahrradständer außerhalb des Gebäudes, ließ ihn unverschlossen dort zurück und sprach stille Dankes- und Abschiedsworte. Möge das Fahrrad irgendeinem bedürftigen Amerikaner noch viel Freude bereiten! Ich würde mir in Deutschland das gleiche Modell wieder kaufen. Wenigstens sparte ich 200 Dollar für Übergepäckgebühren und den Karton. – Mein Sack mit allem Gepäck wog 21,8 Kilogramm, knapp unter dem zulässigen Maximum. Eine der Hinterradpacktaschen nutze ich fürs Handgepäck. Der Warteraum bot einen Blick auf die San Francisco Bay und in der Ferne die San Mateo Bridge. Als wir die Boeing 777-200ER bestiegen, dämmerte es bereits. Ich hatte durch die Umbuchung meinen Fensterplatz eingebüßt, aber über Amerika war ja ohnehin Nacht. Über der Ostseite der Rocky Mountains und über ganz South Dakota wurde das Flugzeug von heftigen Turbulenzen geschüttelt. Das Bordpersonal durfte keine Getränke ausschenken. Irgendwo über den Großen Seen fiel ich doch noch in einen Dämmerschlaf für wenige Stunden. Durch die Zeitverschiebung war es bei der Landung in Paris schon wieder fast 17 Uhr.

Nachlese:

Wenn ich nachträglich eine Liste der Höhepunkte aufstellen müsste, würde ich in landschaftlicher Hinsicht den Bighorn Sheep Canyon östlich von Salida, CO, *The Hogback* im Escalante-Gebiet in Utah und die Überquerung der Sierra Nevada in Kalifornien zwischen Woodfords und dem Silver Lake erwähnen. Der emotionalste Moment beim Fahren war das Erreichen des Monarch-Passes in den Rocky Mountains von Colorado, als ich hemmungslos geheult habe. Außerdem haben mich die unmittelbare Nähe zu *Uncle Pen's Fiddle* in Owensboro, KY, sowie das *John Denver Sanctuary* in Aspen, CO sehr berührt.

Ganz herzlich danke ich Gott und allen Menschen, die dazu beigetragen haben, diese Reise zu ermöglichen oder zu erleichtern. Ich bin sehr glücklich, dass ich die Chance hatte, diese Reise zu unternehmen und alle damit verbundenen Erfahrungen zu machen. Die Vereinigten Staaten waren ein sehr gastfreundliches und hilfsbereites Land. Ein paar Eigenschaften fand ich bedenklich, doch viele Dinge waren dort meiner Meinung nach sinnvoller, einfacher und logischer organisiert. Ich glaube, ich hätte keine bessere Jahreszeit wählen können. Am Start war es gleich relativ warm. Schlechtwettertage waren selten, und die beiden schlimmsten konnte ich aussitzen. In Kansas hatte ich unglaubliches Glück mit dem Wind, und ich war früh genug da durch, bevor die Tornados begannen. In Kentucky und vor allem in Utah war es manchmal schwer, gegen den Wind zu kämpfen, aber insgesamt hielten sich die Windverhältnisse, so glaube ich, ungefähr die Waage. Das mit Abstand Negativste waren die vielen frei umherlaufenden Hunde in den ersten vier Wochen. Die Berge im Osten waren schön, aber teilweise noch nicht grün. Die Berge im Westen (auch die Kletterpassagen per Rad) waren teilweise unvorstellbar schön, und das Radfahren hat dort großen Spaß gemacht. Übrigens: Obwohl ich in Amerika jede Menge ungesundes Zeug wie Cola, Muffins und andere kleine Kuchenstücke, Erdnussbutter und Burger konsumiert habe, hatte ich genügend gesunden Ausgleich und habe genügend Kalorien verbraucht, um dennoch neun Kilogramm abgenommen zu haben.

Napa
S.Francisco
California
Woodfords
Nevada
Austin
Baker
Utah
Cedar City
Torrey
Moab
Dolores
Colorado
Salida
Montrose
Pueblo
Kansas
Lakin
Wichita
Chanute
Ash Grove
Missouri
Summersville
Illinois
Chester
Owensboro
Marion
Kentucky
Bowl.G.
Corbin
Tennessee
Mississippi
River
North Carolina
Asheville
South Carolina
Aiken
Savannah
Georgia

Nachtlager im Garten, Barnwell, SC

Die Appalachen und der French Broad River bei Del Rio, TN

Hinterland bei Columbia, KY

Session bei Woosley's, Rosine, KY

Fern Clyffe State Park bei Goreville, IL

Hochwasser am Mississippi bei Cora, IL

Ständiges Auf und Ab in den Ozark Hills, MO

Gastfreundschaft in Pratt, KS

Aufziehendes Unwetter über Lakin, KS

Nicht Burkina Faso... sondern Wüste im Osten Colorados

Traumhafter Morgen am Arkansas River bei Texas Creek, CO

Der Maler Joshua Been im Bighorn Sheep Canyon, CO

Bergidylle bei Howard, CO

Der höchste Punkt der Reise in den Rocky Mountains

Geselliger Abend in Gunnison, CO

John Denver Sanctuary, Aspen, CO

Tal des San Miguel River bei Sawpit, CO

Arches National Park, Utah

Interstate 70 bei Green River, UT morgens um halb acht

Capitol Reef Nationalpark, Utah

The Hogback nahe Boulder, UT

Calf Creek Canyon im Escalante-Gebiet, Utah

Cedar Breaks, Utah

Highway 50 in Nevada bei Majors Junction

Osthang der Sierra Nevada, CA, mit Carson River.

Silver Lake in der Sierra Nevada, Kalifornien

Der berühmte pazifische Küstennebel am Point Reyes Lighthouse, CA

Golden Gate Bridge bei San Francisco, CA